ちくま文庫

神戸、書いてどうなるのか

安田謙一

筑摩書房

目次

はじめに 10
神戸イラスト・マップ 14
第一章 食べたり呑んだり、神戸 21
信そば 長野屋 22
丸玉食堂 24
餃子屋 満園 26
貝つぼ焼 大谷 28
バー・ムーンライト 30
丸吉 32
思いつき 34
お好み焼き ハルナ 36
BAR CHARLIE BROWN 38
元祖長崎カステラ総本舗 40
舌れ梵 42
皆様食堂 44
赤ちゃん 46
八島食堂 48
赤ひげ 50
本場家庭料理 クスム 52
鴻華園 54
彦六鮓 56
アンクルチャーリー 58
グリル一平ほか 60

神戸の菓子 62

第二章 ぶらぶら歩く、神戸 67

灘温泉水道筋店 68
西出高松前池線 70
東山商店街 72
神戸の名画館 74
横尾忠則現代美術館 76
神戸市営バス2系統 78
須磨寺附近 80
兵庫駅界隈 82
稲荷市場 84
湊山温泉 86
神戸総合運動公園野球場 88
鉄人28号のモニュメント 90
水道筋商店街 92
六甲おとめ塚温泉 94
錨山・市章山 96
六甲アイランド 98
神戸ポートタワー 100
須磨浦山上遊園 102
ポートアイランド 104
ポートアイランド・その2 106
神戸の灯り 108
湊川パークタウン 110
六甲山 112
王子プール 114
元町映画館 116
トンカ書店 118

旧グッゲンハイム邸　120
神戸の喫茶店　122
神戸レガッタ&アスレチッククラブ　124
須磨海水浴場　126
五色塚古墳　128
いのししといたち　130
十善寺もみじ茶屋　132
神戸のことば　134

第三章　神戸を読む、観る、聴く、買う　139

映画『風の歌を聴け』　140
ラジオ関西・その1　142
ラジオ関西・その2　144
ラジオ関西・その3　146
ゴローショー　148
陳舜臣『神戸というまち』　150
淀川長治　152
映画『吹けば飛ぶよな男だが』　154
ウルトラセブン
「ウルトラ警備隊西へ」　156
映画『赤い波止場』　158
映画『紅の流れ星』　160
映画『暴力戦士』　162
「サンテレビボックス席」　164
内山田洋とクール・ファイブ
「そして、神戸」　166
西東三鬼「神戸」「続神戸」　168
フレディー　170
中島らも
『僕に踏まれた町と僕が踏まれた町』　172

佐々木昭一郎『マザー』　174
「Sunday Music Box」　176
筒井康隆　178
映画『麻薬3号』『ゆがんだ月』　180
ロケ地＝神戸の映画たち　182
『月刊 神戸っ子 KOBECCO』　184
ちんき堂　186
勉強堂書店　188
ハックルベリー　190
口笛文庫　192
元町高架通商店街のレコード屋　194
カナディアン・アカデミーの卒業アルバム　196
メトロこうべ　198
一宮神社から八宮神社を歩く　200

第四章　神戸の記憶　205

ビック映劇　206
リズムキングス　208
ホテル・ヒルトン　210
聚楽館　212
成人映画館　214
サトーブラザーズ　216
新開地の記憶　218
海文堂書店　220
映画のチラシ　222
喫茶カウボーイ　224
寶田さんのこと　226
ゾンネ　228

第五章　神戸育ちのてぃーんずぶるーす　233

その1　234
その2　236
その3　238
その4　240
その5　242
その6　244
その7　246
その8　248
その9　250
その10　252

注　259

暴力戦士　西東三鬼――単行本版あとがきにかえて　262

神戸、そして――文庫版あとがきにかえて　266

解説「神戸、書いてどうなるのか」について書いてどうなるのか　tofubeats　273

写真／永田收　イラスト／山内庸資　カバー・本文デザイン／中村道高（tetome）

神戸、書いてどうなるのか

はじめに

『神戸、書いてどうなるのか』は「神戸」をテーマに書いた百と八つの文章が一冊になったものです。

著者である私、安田謙一は「ロック漫筆家」という肩書で、ポピュラー音楽や映画、本などについての文章を商業雑誌に寄稿することを主として生計を立てています。その一部は単行本化もされていますが、この本が著者にとってははじめての書き下ろしとなります。

一九六二年（昭和三十七年）に神戸で生まれ、途中、十年間ほど京都で過ごしたものの、今も神戸で暮らしています。

ほぼ半世紀、この町で生きてきた結果、それなりの経験や思い出も、当然、蓄積しています。ただ、朝起きて、配達業のアルバイトをして、昼からは家で原稿を書いて、ほとんど毎日の食事は家で食べて、テレビでナイター中継を観る……というのが私の基本的な一日であり、たとえば「街歩きの達人」というわけでもなく、夜ごと、街で呑み歩くというようなこともありません。こういう人間が「神戸」について書くと、どういう本になるのでしょうか。自分自身それればかり考えながら、この本を書いていました。書名の『神戸、書いてどうなるのか』は、この本にも登場する有名な歌謡曲の歌詞の冒頭を〝モジッた〟ものですが、偽《いつわ》らざる著者の心情でもあります。

一日一本、順不同に書いた文章を五つの章に振り分けてみました。「第一章　食べたり呑んだり、神戸」と「第二章　ぶらぶら歩く、神戸」には、現在も訪れることが出来る店や場所についての文章が並んでいます。「第三章　神戸を読む、観る、聴く、買う」は古本屋、レコード屋から、神戸について書かれた本や、神戸をロケ地にした映画など、本業の「ロック漫筆」に近い文章を揃えました。山内庸資《やまうちようすけ》さんのイラスト・マップには、ここまでの三章分に登場する主なスポットが落とされています。そして、「第四章　神戸の記憶」は、今はもう無くなった場所について。「第五章　神戸育ちのてぃーんずぶるーす」は、神戸を舞台とした私の子供のころの話や、大きな地震のことなどを書きました。章と章とをつなぐページには永田收《ながたおさむ》さんの写真を配しています。

「書いてどうなるのか」という疑問は、書いている途中にひょんなことで解決しました。

その経緯については、また「あとがきにかえて」で。「買ってどうなるのか」、そして「読んでどうなるのか」は、読者の皆さまに委ねます。楽しんでいただけると嬉しいです。

安田謙一

＊本書の内容については、細かい加筆修正をのぞき、単行本刊行時点（二〇一五年十二月）のままとしました。ただし、閉店・移転・改称などについて二〇二四年四月時点でわかる限りのことを、見出しの店名横や文中に（　）で追記しました。

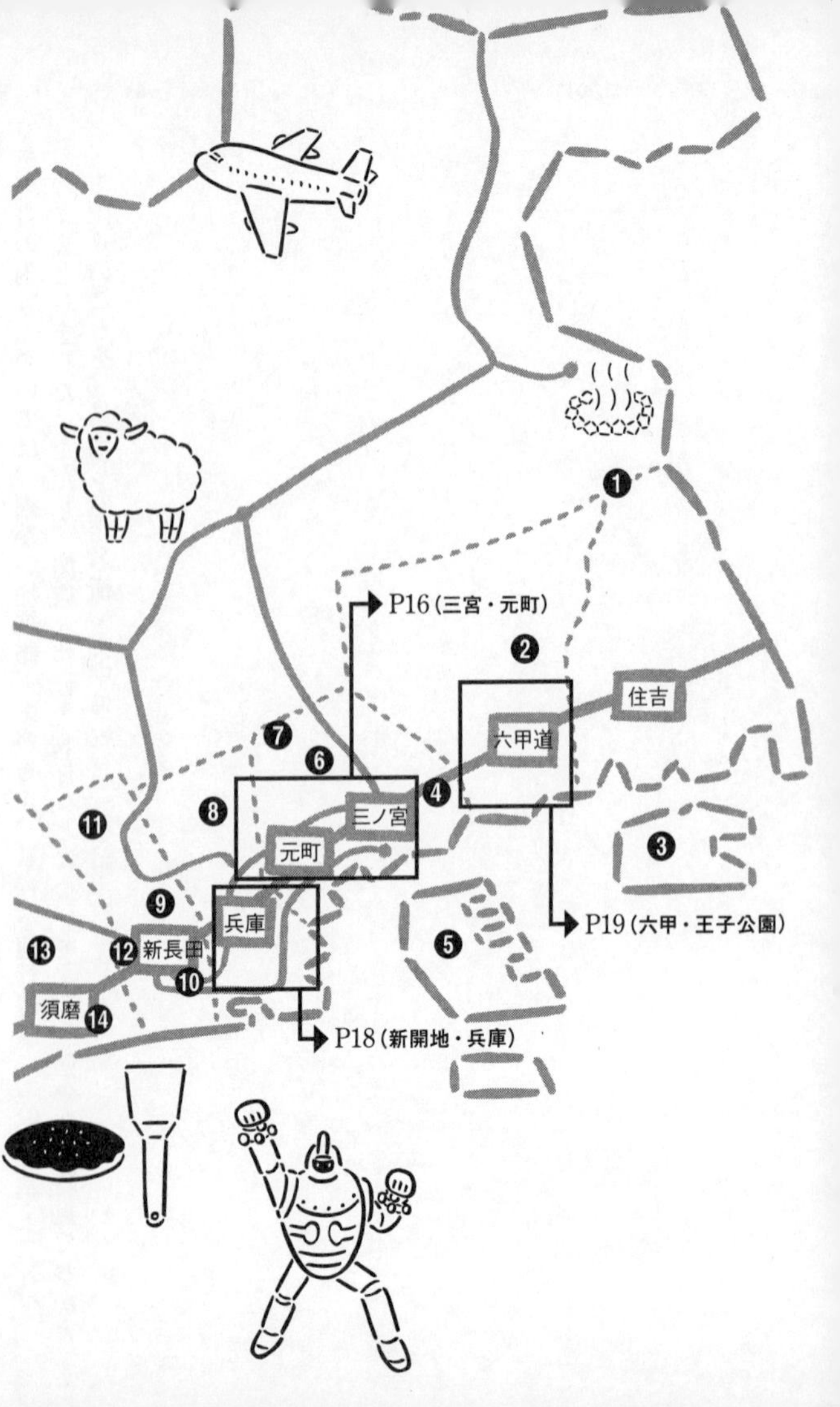
P16（三宮・元町）
住吉
六甲道
三ノ宮
元町
兵庫
新長田
須磨
P19（六甲・王子公園）
P18（新開地・兵庫）
❶
❷
❸
❹
❺
❻
❼
❽
❾
❿
⓫
⓬
⓭
⓮

神戸イラスト・マップ

神戸市全域図

❶六甲山（P112）
❷十善寺もみじ茶屋（P132）
❸六甲アイランド（P98）
❹ニューセブン（P123）
❺ポートアイランド（P104・106）
❻本場家庭料理 クスム（P52）
❼錨山・市章山（P96）
❽湊山温泉（P86）
❾ぱるふあん（P123）
❿お好み焼き ハルナ（P36）
⓫天よし（P61）
⓬鉄人28号のモニュメント（P90）
⓭須磨寺（P80）
⓮須磨海水浴場（P126）
⓯神戸総合運動公園野球場（P88）
⓰須磨浦山上遊園（P102）
⓱旧グッゲンハイム邸（P120）
⓲五色塚古墳（P128）

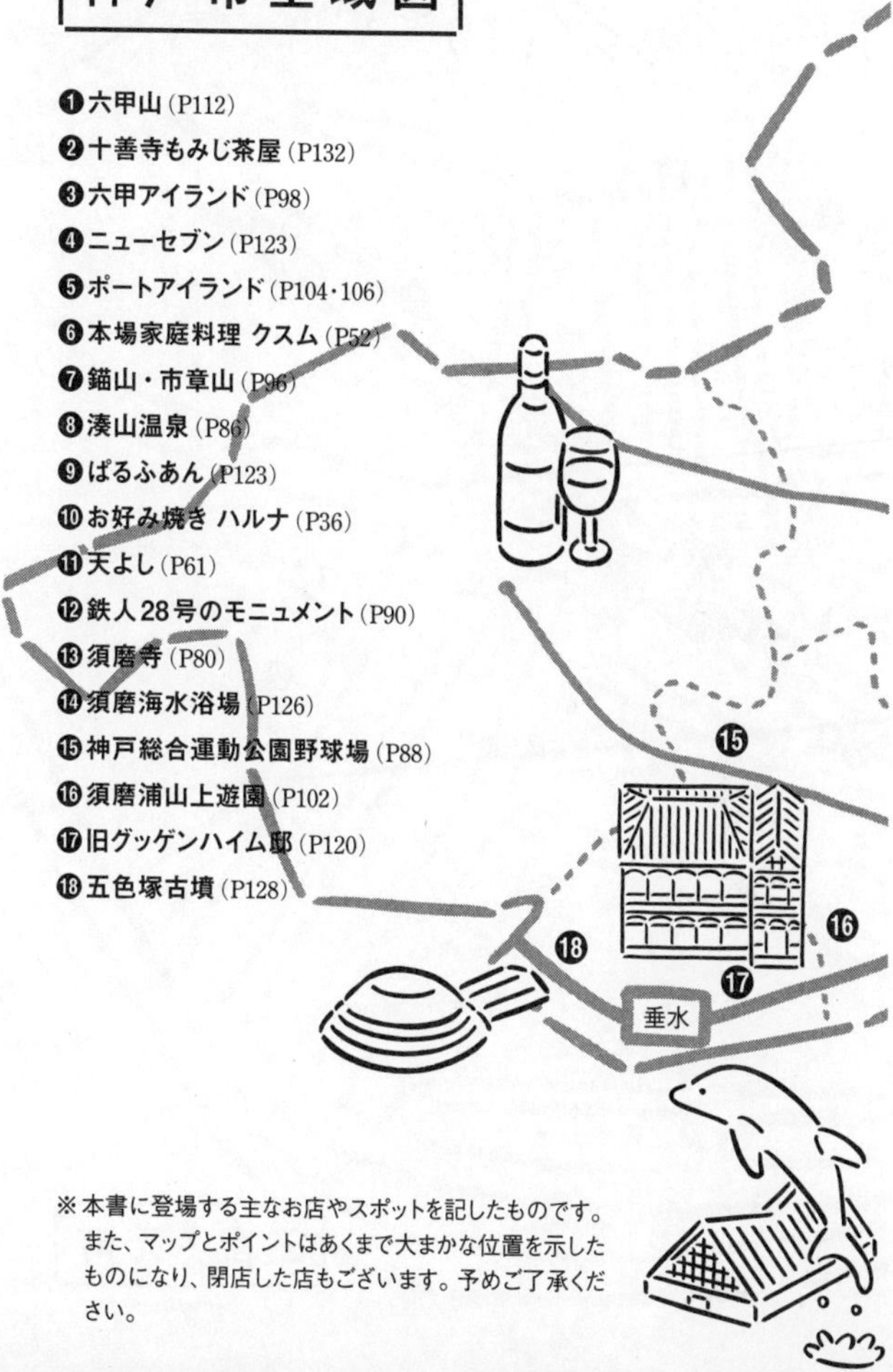

※本書に登場する主なお店やスポットを記したものです。
また、マップとポイントはあくまで大まかな位置を示したものになり、閉店した店もございます。予めご了承ください。

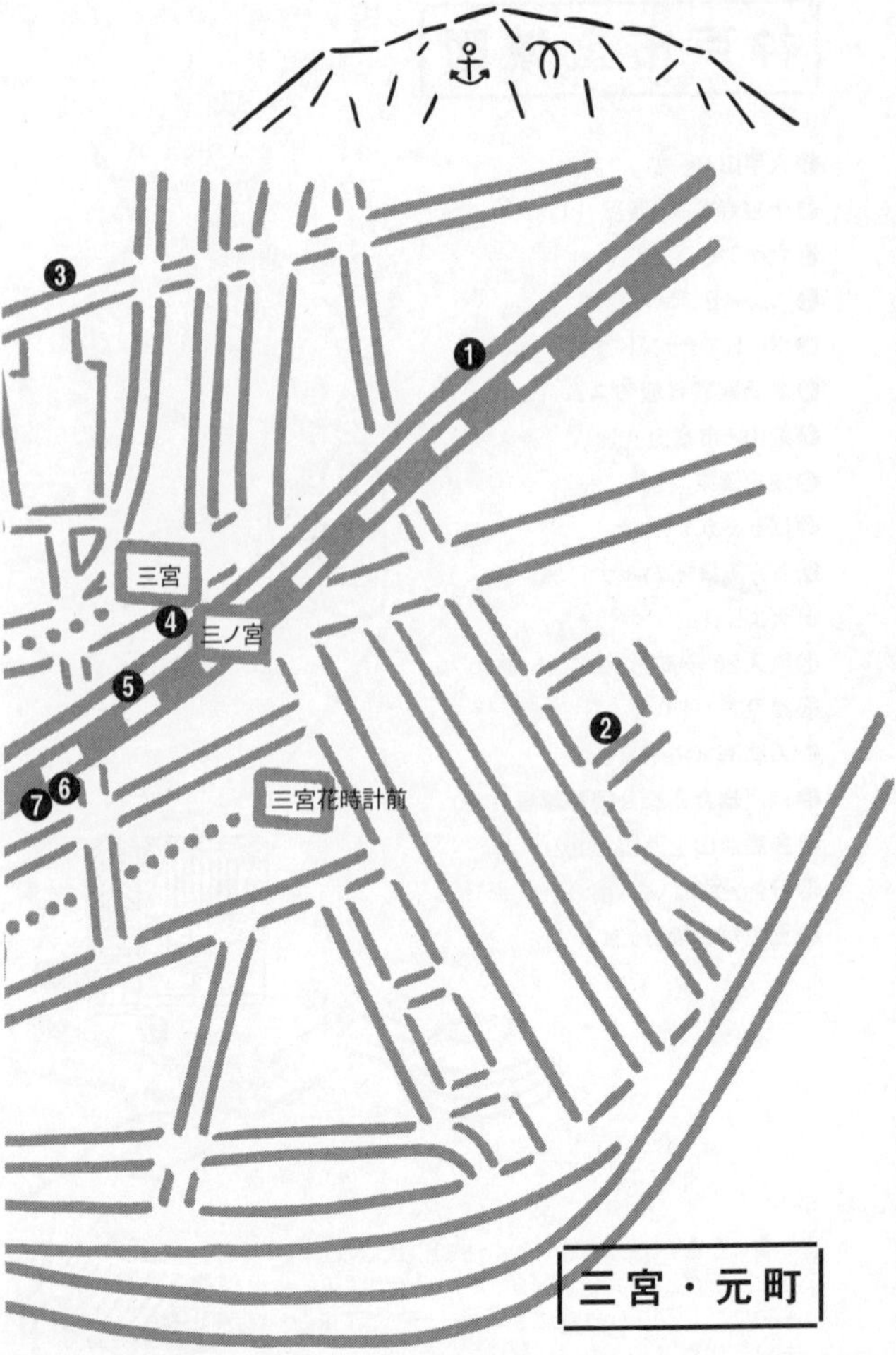

三宮
三ノ宮
三宮花時計前
三宮・元町

❶天一軒（P60）
❷神戸レガッタ&アスレチッククラブ（P124）
❸アンクルチャーリー（P58）
❹信そば 長野屋（P22）
❺皆様食堂（P44）
❻丸吉（P32）
❼餃子屋 満園（P26）
❽鴻華園（P54）
❾トンカ書店（P118）
❿丸玉食堂（P24）
⓫ちんき堂（P186）
⓬エビアンコーヒー（P122）
⓭ハックルベリー（P190）
⓮BAR CHARLIE BROWN（P38）
⓯バー・ムーンライト（P30）
⓰舌れ梵（P42）
⓱元祖長崎カステラ総本舗（P40）
⓲元町映画館（P116）

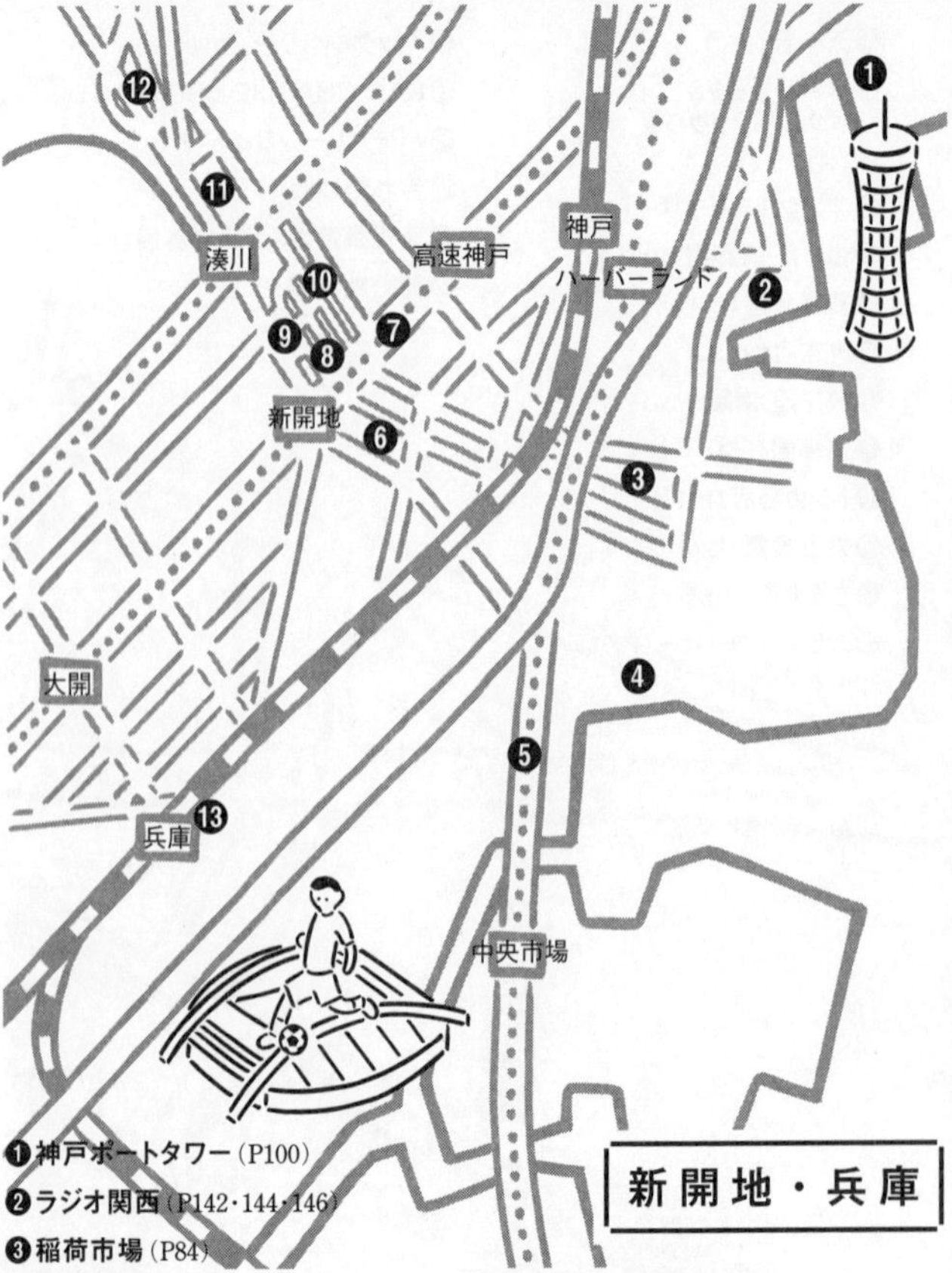

新開地・兵庫

❶神戸ポートタワー（P100）
❷ラジオ関西（P142・144・146）
❸稲荷市場（P84）
❹思いつき（P34）
❺西出高松前池線（P70）
❻シネマ神戸（P74）
❼メトロこうべ（P198）
❽グリル一平 新開地本店（P60）
❾赤ひげ 姉妹店（P50）
❿貝つぼ焼 大谷（P28）
⓫湊川パークタウン（P110）
⓬東山商店街（P72）
⓭JR兵庫駅（P82）

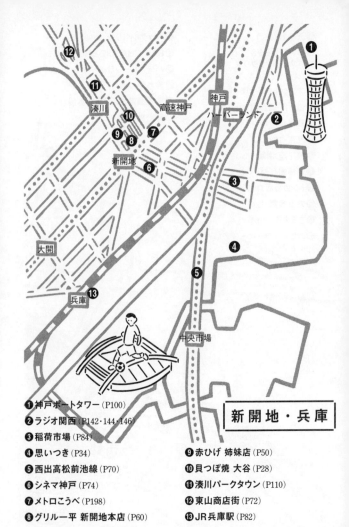

❶六甲おとめ塚温泉（P94）
❷口笛文庫（P192）
❸彦六鮓（P56）
❹護国神社（P79）
❺灘温泉水道筋店（P68）
❻水道筋商店街（P92）
❼青谷ベーカリー（P78）
❽王子プール（P114）
❾横尾忠則現代美術館（P76）
❿勉強堂書店（P188）

第一章　食べたり呑んだり、神戸

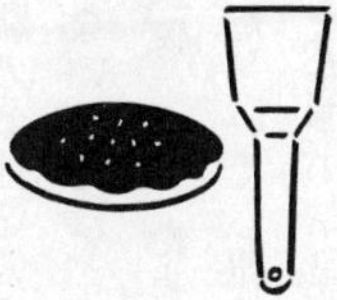

漫画みたいな食べもの

――信そば 長野屋［阪急・神戸三宮］

阪急電鉄の三宮《さんのみや》駅は知らぬ間に「神戸三宮」と駅の名前を変えていた。印象的なフォルムのアーチ型トンネルを持つ建造物がそっけないにもほどがある今のかたちに建て替えられてから二十年が過ぎた。JR三ノ宮駅側に面した東側を「顔」とすれば、まるで、整形して名前を変えたようなものだ。ただ、いくら化けても尻尾が出ている。駅の西改札から外に出て、エスカレーターを降りた左側の階段で再び二階に上がったところにある「三宮高架下商店街2F」はまったく震災前と同じ姿を残している。「信そば 長野屋」はこの中にある。

名物はカレーそば。営業時間は月曜から土曜の昼前から夕方まで。夜は営業していない。注文してから持っている本を開くほどの間もないので、ついメニューの「三つの鐘はのど自慢／そばは名代の味自慢／鐘は鳴らぬがのどがなる」の惹句《じゃっく》を声に出さずに読んでしまう。まともな昼どきは避けて通っているため、婦人客が目立つ。いつもテーブルはほぼ埋まっているが、しんとしている。彼女たちは十中八九、カレーそばを頼んでいる。うどん鉢なみなみと注がれたカレーのだしが完全にそばを隠している。これを箸で持ち上げると、だしのとろみが強いので、まるで食品模型のようにそばとだしとが一体化して持ち上がる。いつも、こういう漫画みたいな食べ物が好きなのだ、と考える。まわりを見るとみな同じように、だしとそばを持ち上げてみたりしている。なんとも平和な光景だ。

味は好みなのだが、食べるたびに、自分で自分に好みだと思い込ませているような気もする。そもそもが、好み、とはそういうものだ。二宮《にのみや》商店街の北側に、同じ屋号で同じフォルムのカレーそばを出す店があるのだが、二つの店に直接の関係はあるのだろうか。

ウスターソースが渦巻きを描くカレーだしの表面を見るたびに、「キャプテンウルトラ」に出てきたバンデル星人の頭頂部を思い出す。静かにバンデル星人の頭に箸を突き入れ、のどをならす。

定番がオルタナティヴ――丸玉食堂［元町］

（二〇二二年閉店）

「丸玉食堂」はJR元町駅の西側改札を降りて、高架の南側を東に向かい、三宮方面に五軒ほど歩いた場所に看板を出している。以前は入り口のショーケース以外、店の中にメニューが無かったが、最近はかなり親切に各テーブルに配置されている。

台湾料理というものをはじめて食べたのは恐らくこの店だけど、その後で他の台湾料理屋に行くようになってから、台湾料理という名でくくりきっては勿体無《もったいな》い、丸玉食堂の個性を知ることとなる。とにかく世話になった。世話になっている。まだまだ世話になるはずだ。何人の遠くから来た友達を、とりあえず、と、ここに誘ったことだろう。火曜が定休日とあるが、不思議なことに行って閉まっていた記憶がない。夕方どきの休憩時間も無いため、昼前から夜まで、いつ行っても開いている。店が混んでいるときも、どこかひとつはテーブルが空いている。がっちりとした背もたれで区切られた四人がけのテーブルに座り、ビールと腸詰めと豚足を頼む。腹が減っていても焦ることはない。何を頼んでも笑うほど早く料理は運ばれてくる。値段も笑うほど安い。

最初は、人気メニューのローメン（溶き卵の五目あんかけそば）や肉めし、青菜炒めあたりを頼んでいたけれど、オーダーの幅を広げていくと、この店のオルタナティヴ感に気づいてくる。真ん丸なフォルムも愛おしいイカ団子。豚肉と玉ねぎだけの酢豚は限りなくウスターソースの味。直球のネーミングに唸る胃袋スープ。牡蠣《かき》炒めのソースを焼き飯にかけて食うと、また旨いんだ、これが。

すっかり見慣れてしまったけれど、内装がたまらない。奥行きの広い店中に張り巡らされたタイルを照らすのは天井の剝《む》き出しの蛍光灯。ひとりで食いきれないほど（食いきるのだが）料理を並べ、ビールを吞んでいると、ジョニー・トーの映画に出てくるラム・シューの気分になれるのだった。

表に出ろ

――餃子屋 満園［三宮］

二〇一一年七月十日の日曜日、六甲山カンツリーハウスでROKKO SUN MUSIC 2011という野外ライヴが行われた。これにカーネーションの直枝《なおえ》政広《まさひろ》さんが出演している。はじめて「餃子屋 満園」に行ったのは、その日の夜だった。

店の名前は誰かのブログで見て気になっていた。予約の電話を入れると、カタコトの日本語で「ソトでいい？」と聞かれた。よく、わからないまま「オッケー、オッケー」と答え、数名で店に向かった。

場所は三宮センタープラザビルの一階。ビルの北側で、国道2号線に面している。JR三ノ宮駅と元町駅のちょうど真ん中あたり。狭い店内のテーブル席は埋まっており、「ソト」は店の前に出されたテーブル席を意味していた。夜風が気持ちよく、料理はいちいち旨く、酒も進む。勘定も安かった。なにより、いつもは歩いて通り過ぎる路上で呑み食いしている感覚が楽しくて、忘れられない宵《よい》になった。トイレがビルの地階で、いちいちエレベーターに乗って行かなくてはいけない。そんな面倒臭さもまた一興だ。

何度か通うたびに、目に見えるように人気店になっていった。店の西側にも店舗を借りて、テーブル席も拡張している。

メニューはいつも決まっている。まずは、蒸し鳥。これでもか、とネギダレがかかっている。これが絶品。そして、皮の厚めの焼き餃子。あと、なにか一品、二品挟んで、シメは山椒の効きまくった麻婆豆腐。辛いという舌の上の感覚を越えて、いつも脳内でなにか結晶のようなものが踊るのを楽しんでいる。

別の仕事の打ち上げでまた、この店の「ソト」を使った。その時の集合写真が手元にある。隣の店のシャッターに書かれた「戎商店」の文字、ちょうちんの赤があいまって、どこかアジアの別の国で呑んでいるように見える。全員が緩みきった、いい顔をしている。

一軒の店が街の風景を変えることもある……とは、こういうことか。

喰う貝

――貝つぼ焼　大谷［湊川］

湊川《みなとがわ》駅からすぐ、福原の桜筋に「貝つぼ焼 大谷」がある。

この「貝つぼ焼」は神戸独自のものだろうか。かつて、阪急三宮駅の北側、今は立ち食いのラーメン屋がある筋に、これを売りにした屋台が出ていたのを覚えている。今もたまに縁日の屋台で見かけることもあるが、値段、味ともに、「大谷」には敵《かな》わない。夜六時から深夜二時までという営業時間もありがたい（その後変更されている）。

貝つぼ焼はひとつの発明だ。器はニシ貝。中身は大貝と、別々のパーツで構成されている。他人丼ならぬ他人貝である。

食べやすいように薄く切られた大貝とだしをニシ貝の器に入れ、炭火で焼く。そこにみつばを加えたものが運ばれてくる。一人前、六百円。一味を少し入れ、長い楊枝で身（大貝）をつつく。つついてはだしを飲む。持つ手が火傷せぬように貝は「口」

の形をした木製の持ち手の上に乗っている。二日酔い予防のしじみをサプリ化した商品のＣＭで体験者が苦い顔をする濃縮エキスが出てくるが、あれさえ美味そうに思えるほど、貝汁好きの私にとっては、むしろこのだしが目的だ。大貝の旨みが滲《し》み出ただしと、それをたっぷり入れることが出来るニシ貝の器。これを発明と呼ばずして……。

つぼ焼だけでなく、だし巻、砂ぎも、常時メニューに載ってはいないが大貝のバター焼きなど、酒の進む肴《あて》が並んでいる。忘れてならないのは、三角形のごま塩のおにぎりだ。一個百円。これがカウンターの上のガラスのケースの中に兵馬俑《へいばよう》のようにずらりと並んでいるのを見ると、たまらなく嬉しい気持ちになる。酒が呑めなくても、つぼ焼とおにぎりでひとつの世界は完結するだろう。

以前、大谷から桜筋を南に歩いたところにお座敷バー「曲線」があった。前を通るたびに外から様子をうかがったものの、結局は入らず仕舞《じま》いだった。古いガイド本によると〝店のカウンターを舞台に、日本舞踊を舞う踊り子をかぶりつきで見ながら呑む店〟とある。

ブルームーンの誘蛾灯

――バー・ムーンライト［栄町］

南京町《なんきんまち》広場から海に向かって歩く。海岸通を越えて、たしかこの通りだったかな、と覗いた路地の先に青い三日月のネオンが見える。

栄町の「バー・ムーンライト」は一九九二年開店。もうすぐ四半世紀を迎える。私がこの店に通うようになったのはオープンから数年経ってから。クレイジーケンバンド（CKB）の大阪でのはじめてのライヴを手伝っていたとき、店主の宍戸哲也さんがダックテイルズ［注1。以下、注は二五九～二六一頁参照］時代から横山剣さんと交流があると聞き、お店にうかがった。たくさんのチケットを売っていただき、本当に世話になった。

今はなき船員バーを追憶させるムードは完璧だ。ノー・チャージでキャッシュ・オン・デリバリーというシステムも気楽でありがたい。瓶ビールにはじまって、オリジナルのレモン・リキュール「ムーン・シャイン」のソーダ割り、ホワイト・オークのハイボールと進む。腹が減っているときは自家製ピザやチリビーンズが楽しめる。宍戸さんの選曲によるBGMもご機嫌。メインはソウル・ミュージックだが、時折、変化球や危険球を投げてくるから気が抜けない。店の奥に〝鎮座まします〟七七年製ロックオーラ社のジュークボックスで聴ける歌謡曲もまたバー・ムーンライトのひとつの顔だ。

とにかく居心地がいい。宍戸さんと奥さんのひさみさんの、付かず離れずの対応が絶妙だ。バーに行くときの、ひとりで呑みたいという気持ちと、誰かと話がしたいという相反するふたつの気持ちに、しっかり応えてくれる。カウンターの後ろにある小さなモニターから流れる選ばれた音楽映画の映像を眺めながらぼんやり呑むのも、隣に座る客の会話に加わってみるのも気分次第である。妻が実家に帰るなど、ひとりで過ごす夜は、この店で〝呑まない理由〟が見当たらない。もしも私が独身だったら……と考えると恐ろしい。

宍戸さんが学生時代にやっていたアリスのコピー・バンドの名前がアマリリス［注2］だと知ったときは、他人じゃないな、と思った。

安く呑むことの愉しさ
——丸吉［三宮］

「せんべろ」という言葉がある。ひとり千円で呑み食いして、べろべろに酔える安い呑み屋、という意味である。

中島らもと小堀純による共著『せんべろ探偵が行く』（文藝春秋）が生み出した言葉だと思われる。同書は二〇〇三年に刊行されたのだが、依然、この言葉に愛着を込め、使用する呑み仲間は少なくない。

わざわざ「せんべろ」について一から説明しているのは、「安く呑む楽しみ」を追求する一部の人間以外にはまったく浸透していない言葉だと思われるからだ。これまでにも、このように説明した覚えが二度、三度はある。原稿を書くたびに米国人のギタリスト、マイケル・センベロの名前を出している。また出してしまった。

『せんべろ探偵が行く』には神戸のお店が二軒掲載されている。そのうち一軒が「丸吉」だ。三宮センタープラザ西館の地階の三宮市場……といわれてもピンと来ないかもしれないが、行列が出来るカツ丼屋「吉兵衛」の通りを挟んだ向かいの通路の奥、と言えば話は早いかもしれない。たくさんの長机にパイプ椅子が並んだ店はかなり広い。白いタイル貼りの店内を蛍光灯がさらに白く彩る。

三人で行ったとしよう。まずは生ビール中ジョッキ。税抜き（以下同様）三六〇円。肴は天ぷら盛り合わせ（魚、いか、たまねぎなど六品盛り）。これが、しっかりした天ぷら。四〇〇円。二杯目は日本酒を熱燗《あつかん》。白鶴のワンカップで三五〇円。刺し身盛り合わせ。これまた、しっかり刺し身。四五〇円。ここで勘定すれば三人で二九八〇円。べろべろ、までは遠いけれど、相当なコストパフォーマンスの高さである。昼間は食堂として営業している。壁に貼られた「さば煮付け定食 6百円」なんて張り紙を肴に呑める。

トイレはビル共用のものを使用する。いったん店を出た後、「丸吉」に帰って来ると、友達が市場で呑んでいる。「ああ、こんなところで呑んでるんだ」と感じる瞬間がしみじみ楽しい。

港町の若草物語

――思いつき［七宮］

なんと言っても「思いつき」というネーミングが素晴らしい。神戸の喫茶店の名前ベスト・スリーを挙げるなら、これと、中央卸売市場「火の用心」と、ミナエンタウン［注3］の「光線」だ。

数年前、インターネットの地図を頼りに妻と出かけてみた。JR神戸駅から阪神高速沿いに兵庫方面に歩く。高松線に分岐してすぐの七宮神社前の交差点を左折、一、三筋目を右に入ると店の看板があった。神戸じゅうをうろうろと、すべての場所を歩き尽くしたような気になってはいたものの、確実にはじめて通る場所。駅からは二十分近く歩いて辿り着いたが、3番の市バスで「七宮神社南」で降りると、そんなに遠くない場所であることに気づいたのは帰り道だ。

「思いつき」は兵庫港の造船業や製鉄業で盛んだった昭和三十年（一九五五年）の十

月十日、東京オリンピック開会式のちょうど九年前に開店した。名前の由来は、ほんの思いつきで店をはじめたことから。船大工の手による、壁に沿うように作り付けられたテーブルとソファが愛らしい。磨《す》りガラスから入る穏やかな陽の光にまどろみつつ飲む美味しい珈琲《コーヒー》。これだけで最高だけど、「思いつき」の主役は看板娘である四人の姉妹だ。四人から神戸やお店、ご家族の歴史をじっくりお聞かせいただく。ちょっとした旅行のような、遠い親戚を訪ねたような独特の時間を味わう。この後、神戸を案内するムック本の取材でもう一度、お店を訪ねた。その時に同行した写真家の沖本明さんが姉妹たちに発した「若草物語」という表現が見事で、僕が心の中で用意していた「八月の鯨」は完敗してしまった。

結局、まだ二回しか行ったことがない。気候の良い日に、時間の余裕を持って、また四人に会いに行こう。こんな店があるということだけで人生捨てたもんじゃないという気にさえなる。

この店の名前が、たとえば「ふるさと」だったりしたら困っちゃう。「思いつき」という軽妙な響きがここで効いてくる。

鉄板宇宙

――お好み焼きハルナ［駒ヶ林］

「バル・パチーノ」という店名……言うまでもなくアル・パチーノのモジリ……に惹かれて、小雨が降る夜、妻と新長田《しんながた》に出かけた。

あいにく店は休んでいたので、以前から店構えが気になっていた「**お好み焼きハルナ**」に入ってみた。半円形に丸く膨らんだ白いのれんをくぐる。引き戸を開いてハッとした。店の広さは六畳ほどか。その真ん中に鉄板の台がひとつ。もしも、千利休がお好み焼き屋をデザインしたなら。そう思わせる小宇宙だ。なぜか、デニス・ボーヴェル『アイ・ワー・ダブ』の宇宙船のジャケを思い出した。

豚肉のお好み焼きと、モダン焼き、さらに貝そば焼きを注文する。呑みものはアップル［注4］、ラムネ、コーラなど。アルコールは置いていない。後で、持ち込みオッケーだと知った。

店主（男性）がお好み焼きを焼きはじめる。おもむろに大きな肉脂の固まりを取り出し、それを鉄板になじませる。薄く小麦粉の生地がひかれ、完璧な円が描かれる。ミニマムな具が投入され、形をなしてくると、焼きあがったお好みにコテで重圧をかけ、空気を抜く。その上にさっきの肉脂を重石《おもし》のように乗せる。この日の客は我々ふたりだけ。これらの魔法のような工程に目が釘付けになり、息を呑んだ。ちょっとしたベニハナ状態である。

薄焼きに「ばらソース」を塗りたくる。鉄板から熱いのをコテで直接食べる。完璧に子供の頃に親しんだ味だ。これはたまらない。家に帰ってネットで検索すると、昭和二十三年開店とあった。

改めて別の日に、バル・パチーノに行った。今度は開いていた。かなりの量を食べ、酒を呑んだ。シメにパスタでも……というところで、妻に「ハルナ行かへん」と提案すると、快諾された。この日も最初はふたりだったが、すぐに混みはじめ、満席になった。イカのお好み焼きと月見焼きを頼んだ。前に来てから、五日しか経っていない。つい、〝ハルナ愛〟という言葉を思い浮かべた。

外人バーという響き

——BAR CHARLIE BROWN［栄町］

（二〇二一年に元町通二丁目に移転）

青地に黒い文字で「BAR CHARLIE BROWN」と書かれた看板には赤い矢印がある。その先には狭い路地。昼はともかく、看板に灯が点《とも》るころには、とても店があるようには見えない。

栄町のバー、チャーリー・ブラウンに最初に行ったのは一九八〇年代の終わり。結婚を期に、京都から神戸に戻ってきたころ。露地の奥の扉を開けると、数人の白人客がいて、酒を呑みながらダーツを楽しんでいた。なんとなく〝こういう雰囲気〟を期待してはいたものの、〝ここまで〟だとは思わなかった。完全に浮いている気がした。瓶ビールを一本だけ注文し、急いで呑んで逃げるように店を出た。

数年後。大阪で輸入レコードの卸《おろ》しをする会社で働いていたとき、チャーリー・ブラウンの店主がロカビリー好きで……という話を「ハックルベリー」（一九〇頁）の村山さんから聞いたのをきっかけに再び訪ねてみた。改めて、店構えの素晴らしさに感動する。店主のキディさんはデンマーク人の船乗りで、幾度か神戸を訪れた後、六九年、二十五歳でここに店を出したという。何度か通っては、持参した新譜案内を肴に音楽の話をした。近く、ドイツのベア・ファミリーからワンダ・ジャクソンの四枚組ボックスが出るという報せを知ったときの喜びようが忘れられない。しばらくして、キディさんの訃報を聞いた。ワンダ・ジャクソンの箱は間に合ったのか、確かな記憶がない。

近くの「ムーンライト」(三〇頁)が満席だった夜、約二十年ぶりに、チャーリー・ブラウンに寄った。現在のマスター、玉置さんと自然にキディさんの話になる。キディさんは神戸の女性と結婚し、ふたりでこの店をはじめたこと。その奥さんはまだお元気で、月に一度は顔を出すことなどを聞いた。クールな内装はそのまんま。ヴィンテージの古着のように人から人へ、店が受け継がれている奇跡に感動した。

昔からカウンターの後ろに飾られていた伊勢海老も健在だ。店の主《ぬし》のような顔をしている。

耳鳴りの幻想

——元祖長崎カステラ総本舗［元町］

（二〇一八年閉店）

元町商店街の中、元町通三丁目の山側に「元祖長崎カステラ総本舗」は今も存在する。〝カステラなら誰もが知ってる〟と書かれた看板、〝創業 元治元年卯月〟（一八六四年！）と染め抜かれた暖簾《のれん》など、外観は昔とまったく変わらない。

「元祖長崎カステラ総本舗」の最大の特徴は、店の前、ガラスのショーケースの上に置かれたスピーカーから爆音で流れるメッセージだった。早口で世界平和を訴えかけるのだが、音が大きすぎて、割れてしまい、うまく聴きとることが出来ない。これがエンドレスで再生されている。近隣の商店主からの長年にわたるクレームを受けて、数年前、スピーカーは除去された。かつてを知る人間にとっては「去勢」という言葉が思い浮かぶ。メッセージのＢＧＭとして「ワルチング・マチルダ」が使用されていた、とネットに書かれていた。私には「デビー・クロケットの唄」だった記憶がある。

店に入ると、さらなる世界平和のメッセージが壁を埋め尽くしていた。店主、高田豊造さんは、昼はこの店でカステラを売り、夜は女装して、当時サンプラザの一階にあった「ショットバー・いくこ」でカウンターに立った。平和の為に無添加のカステラを焼き、平和の為に女という性を選んだ。強烈なキャラクターは、一九九四年、バラエティ番組「世界超偉人伝説」でも面白おかしく取り上げられた。

この店のカステラは食べたことがないが、「いくこ」には行ったことがある。「いくこ」にはモニター・カメラがあり、カウンターの中の高田豊造を俯瞰《ふかん》気味に捉えている。同じアングルで過去に撮影された、違う衣装の彼女がカラオケを歌う動画をいくつも見せられて、悪酔いした。バーチャルリアリティの反対、だと思った。

今も「元祖長崎カステラ総本舗」の前を通るたびに、あのメッセージが耳の奥に聞こえる。同じく、神大医学部あたりの有馬街道を歩くと、今も奥崎謙三《おくざきけんぞう》の自宅を幻視する。強い念は消えへんねん。

アナザー・GReeeN・ワールド

——舌れ梵［元町］

（自鳴琴〔おるごーる〕として営業中）

煙草《たばこ》を止《や》めて、もう十年になる。二〇〇三年までは吸っていた。その年に出した単行本『ピントがボケる音』（国書刊行会）［注5］の表紙画の中で、私の右手の指には煙草が挟まれている。この画を本秀康《もとひでやす》さんにお願いするとき、同じように煙草を持っているポーズの写真をお渡ししたのだ。

それからしばらくして煙草を止めた。煙草を止めて変わったことは幾つかあるけれど、確実に喫茶店に入る回数が減った。

十年前までは、毎日一度は喫茶店で珈琲を飲み、そこで二本煙草に火をつけた。その度に、森進一「東京物語」の阿久悠の歌詞〝一日に二本だけ煙草を吸わせて〟を頭の中で諳《そら》んじた。

元町の喫茶店「舌れ梵」に久しぶりに行った。舌れ梵と書いてとれぼんと読む。と、書いてはいるが、実際にはパソコンで「とれぼん 神戸」と検索して出てきた漢字をコピー、ペーストしている。この原稿を書き終えるまでには〝そら〟で書きたい。俺なりの神戸検定。

店内所狭しと並べられた観葉植物。緑の世界は店の外にまで侵食している。マスターと奥さんもお元気で、珈琲の値段は三〇〇円。店は常連とおぼしき人たちで、いい塩梅《あんばい》に賑《にぎ》わっている。記憶の中にある舌れ梵とまったく変わっていない。自分が吸わなくなっても、煙草が吸えない喫茶店なんて行きたくない。舌れ梵を埋めつくす植物たちは客がくゆらせる煙草の煙をゆっくり吸い込んでいるようだ。

三五〇円のアイス珈琲を頼んだ。図書館で借りてきたばかりの文庫本でジェシー・ケラーマン『駄作』というミステリーを読む。三十分で百ページほど進んだ。帰り際に奥さんから「次はもっと広い席に座ってくださいね」と声をかけられた。この心遣いも記憶のままだ。店を出てすぐに、名物「ハニートースト」のことを思い出した。今度、元町を歩いていて、小腹が減ったら思い出さなければ。そんな時にいつもフルーツ・サンドを頼んでいた元町通四丁目の「ウイーン」が閉まって、困っていたところなのだ。

ひとりよがりの昼

——皆様食堂［三宮］

「皆様食堂」。なんていいネーミングだろう。つい呉智英《くれともふさ》の『大衆食堂の人々』（双葉社）を思い出す。白地に赤く店名が染め抜かれた暖簾には「家庭の延長」という、これまたナイスな惹句が花を添える。こっちは、西川のりお・上方よしおの漫才のネタ〝ニュー・ミュージックは、フォークの延長！　こんな長いフォークで……〟を思い出す。

暖簾をくぐると、U字型のカウンター。ぐるりに椅子が十席ほどの小さな店。壁を覆い尽くすのは、几帳面に並んで貼られていている手描きメニューの短冊。いちいち多彩なマジックを使っていて、壮観である。客から注文を受けたメニューをカウンター内の主人は潜水艦の望遠鏡のような〝管〟を使って調理場のある二階にオーダーを通す。このシステムも見飽きることがない。

久々に昼飯どきに行った。カウンターの半数が埋まっていて、みな呑んでいる。これからプールに行くので、酒は抜こう。こういう時、まわりが羨《うらや》ましく思えたりもするのだが、案外、そうとも言えない。なぜなら、この店で呑んでいると、たまに現れる〝普通に飯を喰う客〟がちょっとだけ羨ましかったりするからだ。よし、今日は羨ましがらせてやろう。納豆オムレッと、めし（小）とみそ汁を注文する。先の〝潜望鏡〟でオーダーが二階に通される。注文した後で向かって左側の壁のメニューが目に入った。「豚汁」「肉汁」「貝汁」「玉子汁」「野菜汁」「わかめ汁」……延々、汁もののメニューが並ぶ。しまった。安易にみそ汁を注文するんじゃなかった。後悔していると注文の品が並ぶ。腹が減っていたので、勢いよく喰う。いちいち、しっかり旨い。五分ほどで平らげ、勘定を払い、さっさと店を出た。酒を呑まないことで大人の気分を味わった。

気がつけば、壁一面のメニューをじっくり眺めるのを忘れていた。あれは呑む人が目で嗜《たしな》む肴なのだろう。

呑む人、喰う人。なるほど、皆様の店だ。

洋食よ永遠に　――赤ちゃん

洋食というのは不思議な言葉だ。神戸という町の歴史そのものを表しているようにさえ思える。実際、神戸には洋食の名店が多い。

と、堅い話から後が続かないので、いきなり話を柔らかくしよう。

神戸には「赤ちゃん」という名前の洋食店が数軒存在する。これまた、なんと素晴らしいネーミングだろう。時には、強面《こわもて》のおっさんも違和感なく「赤ちゃん、行こか」と口にするだろう。想像するだけで嬉しくなってくる。京都に住む友人の辻井タカヒロさんは、生まれてきた娘をいつまでも〝あかちゃん〟と呼びたいがために、〝あかり〟という名前を付けたくらいだ。その気持ちはよくわかる。

インターネットの地図で「赤ちゃん　洋食」と検索して見ると、兵庫区、中央区、灘《なだ》区、東灘区に七軒（二〇二四年四月現在は四軒）が、計算されたように同じくらいの距離を空けて並んでいる。そのうち阪急電鉄の神戸三宮駅から山側に歩いてすぐの場所にあった店舗はもう閉店している。

四日続けて、赤ちゃんに通ってみた。まずは阪神大石駅下車、2号線沿いにある「洋食　赤ちゃん　大石店」へ（現在は閉店）。スペシャルトンカツ。旨い。スナックを居抜きで使っているような店舗も愛らしい。

二日目。バイト帰りのお昼時に、地下鉄湊川公園駅下車、東3番出口すぐの「赤ちゃん」へ（現在は閉店）。フォークを持った天使のトレードマークが印刷された赤いのれんをくぐる。年季の入った狭い店舗にひしめき合う客たち。この風景を描かせるとすれば青木雄二先生以外にない、という庶民の台所。オムライスを食す。旨い。

三日目。阪神石屋川駅を浜側に降りて、西国《さいごく》街道を西へ歩いた山側にある「赤ちゃん」へ。昨日とまったく異なる客層。赤ちゃんの守備範囲の広さに感動。ハンバーグ定食を頼む。旨い。

四日目。地下鉄中央市場駅近くの「洋食の赤ちゃん　兵庫南店」へ行くも定休日。なんとなくカツカレーの気分が出来上がっていたので、新開地《しんかいち》まで歩いて「コトブキ」（現在は閉店）で食べる。これも旨かった。

レット・ゼア・ビー

——八島食堂［三宮］
（二〇一五年閉店）

「八島食堂」はホームグラウンドと呼べる呑み屋だった。三宮の東店、元町の西店、ともにお世話になった。

東店があった場所を説明するとき、「洋食いくた」の……と書きかけて、それも今は無く調子が狂ってしまう。

夕方、早い時間までに仕事を片付けて三宮に出る。レコード屋や本屋を廻ったあと、時計を見るとまだ晩飯までには時間がある。こういうときの為に、八島東店があった。カウンターに座り、キリンの大瓶を頼む。その後の食事に備えて肴は一品に絞る。ニラ入り玉子焼きか、肉豆腐か。今日は生《き》ずしにしよう。大瓶が空くと、黒ビールの小瓶。これと、チーズからっきょ。隣の席が空いていたら、納豆（メニューでは東京）を頼む。わずか二十分ほどの宴。

家に帰る阪急電車で、いい感じで酔いも醒《さ》める。大瓶と黒ビールの間に二合の燗酒《かんざけ》が入るときもある。いや、入るときのほうが多かった。これが東店の記憶。西店は呑んだあと、また、どこか別の場所に出掛ける、という印象が残っている。

八島食堂については、中村よおさんの著作『肴のある旅』（創元社）に詳しく記録されている。〝神戸居酒屋巡回記〟という副題のとおり、ほとんど毎日外で呑む人が行く、安くていい店がたくさん紹介されている。書名の「肴のある旅」を考えたのは私だ。肴（さかな）と書いて「あて」と読ませる。出来過ぎた語呂合わせに、最初は少し恥ずかしいと思ったが、よおさんの本にとてもしっくり合った。

ふたつの八島食堂が無くなって数年が経ったころ、インターネットから「西店」が少しだけ場所を移動して営業を再開しているという情報を得た。以前より規模を縮小して営業しているという話で、ネットにアップされたメニューの写真に「肉豆腐、生ずし、ネギ玉、釜上げ」の文字を確認する。血が騒いだ。早いうちに行かなくちゃ、と思っていた矢先、二〇一五年八月、再びお店を閉められた。

燃える男の赤いウインナー ——赤ひげ［新開地］

神戸で安く呑む。しかも昼間から。という話になったら、新開地の「赤ひげ」を避けては通れない。

赤ひげには「本店」と「姉妹店」がある。本店はラウンドワン新開地店の前、多聞《たもん》通《どおり》を挟んでの南側。ゴリラが壁をよじ登っている店で、こちらは立ち呑みだ。もうひとつ、姉妹店はラウンドワンからアーケード商店街を北に一〇〇メートルほど歩いたところ。私が世話になっているのは、こちらの店。

午前十時五十九分開店、午後二十三時一分閉店、という営業時間の設定が嬉しい。この「一分」で腰が落ち着く気分になれるのだから、酔っぱらいは幸せな生き物である。壁一面のメニューを見る前に、とりあえずのビール大瓶と、ウインナーを注文。

古い洋食屋のような銀のステンレス皿に茹《ゆ》でたもやしの付け合せと、鉄板で炒めた赤いウインナーが五、六本乗ったものがすぐに出てくる。吾妻光良& The Swinging Boppersに「嫁の里帰り」というカリプソ調の曲があるが、その歌詞〝思い切り身体に悪いものばっか並べて食べよう〟を思い出しながら、美味しくいただくのだ。日本酒に切り替えてから改めてメニューを見る。生かき酢が二五〇円。鯖の生《き》ずしが二〇〇円。鯨カツが二七〇円。なんでも安い。しかも旨い。

ところで、この店の店名「赤ひげ」をいつも思い出せない。どういう由来があるのだろう。よく間違って「赤ふん」という名前が出てくる。本店の壁をよじ登るゴリラが赤いパンツを穿《は》いているせいだろうか。もうひとつ「シネマ神戸」（七四頁）のすぐ南にある居酒屋「ふんどし」と混ざっているのかもしれない。脱線ついでに書くと、「ふんどし」の隣に以前、なんと読むのか確かめたことがなかったが「金玉」という店があった。残念ながら今は「金玉」は無くなっている。原稿の為につくり話をしているのだな、と思われるかもしれないが、さすがの私でも、もう少しマシな話を考えることが出来る。

インド料理数あれど

——本場家庭料理 クスム［北野］

北野ハンター坂のマンションの一室にインドの「本場家庭料理 クスム」はあった。マンションに入っただけで、香辛料の匂いが鼻孔を刺激する。エレベーターで三階にあがり、半開きのドアを開けて、声をかけると華奢《きやしや》なインド人の男性が現れる。土足のまま奥に進むと、テーブルが四つ並んだ部屋がある。完全に誰かの家の台所だ。テレビでインドのドラマが大きな音で流されている。料理を注文する間もなく、コップ半分のマンゴージュースとサラダが出てくる。続いてサモサ。辛くて旨い。しばらく待つと、二種類のカレー、ダール（スープ）と、インディカ米、チャパティが乗った大きな銀皿が運ばれてくる。これを味わっていると、今度は女性が現れて、チャパティを無言で皿に載せてくれる。しばらくすると米。さらにカレーのお代わり。映画『マジカル・ミステリー・ツアー』（一九六七年）の中でジョン・レノンが無限に給仕するスパゲティのシーンを思い出す。こっちが、もう結構、と意思表示するまで、いくらでもお代わりは続く。最後は激甘のグラブジャムンのデザートが出た。

何度か通って、一方的に馴染みになった。二〇一一年の秋、この店が火事に遭《あ》ったと聞いたときはゾッとした。幸い、犠牲者はいなかった。

クスムは半年と経たず、以前の店から一〇〇メートルほど坂を登った、通りの反対側で営業を再開している。システム、料金、店のムードもほとんど変わりなく、ホッとした。

店の女性の名前がクスムさん。男性はシュクラさん。店のシンボル的存在だった、ヌスラット・ファテ・アリ・ハーンのように恰幅《かっぷく》のよいテワリさんは移転した後、お亡くなりになった。

亡くなられる前、北野の外国人倶楽部《クラブ》でテワリさんの姿を見かけて、驚いた。あまりの巨体で、移動することが出来ないと思い込んでいたのだ。つい、キング・コングのように空輸される姿を想像した。ひょっとすると、よく似た別の人だったのかもしれない。

ミル・マスカラス

――鴻華園［三宮］

なんども書いているが、なんど書いても書き足らない。

姜尚美《かんさんみ》さんの『京都の中華』（幻冬舎文庫）という書籍は素晴らしい。〝京都の中華〟と言われても、ピンとくる人はそう多くはないはず。ニンニクや香辛料を使用した広東料理は、花街に合わないと、独自の変化を強いられ、他のどこにも無い料理が生まれた。逆に、京都で生まれ育った人にとっては、これが中華だと疑うこともなく、愛されてきた。まさにガラパゴス。文化の本質を抉《えぐ》るような題材を、丁寧な取材と明快な文章で扱う。姜さんの文章そのものが、京都の中華の〝涼しさ〟とダブってみえてくる。

まるで他力本願ではあるが、そんな姜さんによる「神戸の中華」が読みたいとずっと切望していたところ、単行本ではないものの、『月刊ミーツ・リージョナル』通巻三二一号「三都中華」に、京都、大阪とともに、神戸の中華についての文章を寄せられた。

そこで「鴻華園《こうかえん》」の「ミル貝味つけ」が取り上げられている。神戸税務署の北側、山手幹線を越えて一筋目の路地を左に曲がると鴻華園がある。店に入っていきなり目に飛び込んでくるのはレジの後ろの水槽で、大きな奇態を横たえるミル貝だ。

「中越料理（ベトナム中華）」を売りにするこの店。このメニューもきっと伝統料理なのだろうと思っていたが、なんでもベトナム華僑《かきょう》の初代店主が大安亭市場《おおやすていいちば》で売られていたミル貝を見て、考案されたとのこと。さらに、半世紀は経っているだろうと想像していた店が、一九八五年（昭和六十年）の開店だとこの特集で知り、驚いた。

オーダーが済むと、すぐに熱いジャスミンティーが運ばれてくる。蒸し春巻き、車エビのマヨネーズ和え、揚げワンタンあんかけ、そしてミル貝と、通うたびに〝定番〟が増えていく。紹興酒も進む。

数年前、下山手通に二号店が出来た。一度こっちにも行ってみなきゃ、と思いつつ、つい本店に足を延ばしてしまう。

鮨が止まって見えた

――彦六鮓［阪急六甲］

廻らない寿司屋に行くこともある。

この原稿の書き出しを考えて、ひとりでウケてしまった。なんだろう、この侘《わ》びしさ。本のオビに使用したところを想像してみたら、情けなくて涙が出てきた。では、気を取り直して。

神戸市中央卸売市場がまだ古い建物だったとき、「まるも寿し」によく行った。店主をはじめ若い男衆たちが手際よく寿司を握るのを見ているのが楽しかった。この店のカウンターで呑んでいる男性客が、焼酎のロックにワサビを棒状のまま入れて呑んでいるのを見て、驚いた。あれを一度、頼んでやろうと思ったまま、新しくなった中央市場の店にはまだ行っていない。

「彦六鮓《ひころくすし》」は阪急六甲駅の山側を東へ二〇〇メートル歩いたところにある。路地の奥の、小さな崖の下に建つ外観を見たら、たいていの人は身構えるだろう。大正時代に建てられた長屋をそのまま店にしている。風情があるにもほどがある。

インターネットの時代になってからは寿司屋の値段が誰にもわかるようになった。最初にこの店の暖簾をくぐったのは、二十五年ほど前。京都から神戸に戻ってきて、近所に住んですぐで、まだ我が家にパソコンは無かった。きっと誰かが〝心配しなくてもいい〟と教えてくれたのだろう。その頃は母娘二代で女性が寿司を握っていた。今は三代目の息子さんがカウンターに立っている。

至福のひとときを終えて店を出る。裏道からレンガ造りの六甲変電所の脇の細い道を通り抜けると、阪急六甲駅に着くまで「彦六鮓」の時間は続いている。何度でも言う。風情があるにもほどがある。

彦六鮓の世界遺産のような佇《たたず》まいは、ほとんどプラモデル「風物詩シリーズ」の「すし屋」の世界である。それからの連想。数十年前、大橋四丁目の近くで、屋台の寿司屋を目撃した。まんま志賀直哉「小僧の神様」だ。行かなかった後悔か、今もたまに思い出す。

チャーリーさんがいるお店

――アンクルチャーリー【三宮】

一九九六年の暮。『週刊SPA!』の連載でチャーリー・コーセイさんを取材したことがある。北野にあった彼が経営するバー、その名も「チャーリーズ」に足を運んだ。

最初は取材と断らずに客として店を訪ねた。カウンターには先客が並び、なかなか声がかけにくい状況だった。きっかけを探していると、店主は店の隅にあるステージにむかい、ギターをアンプに繋いだ。キャロル・キング「君の友だち」とロネッツ「ビー・マイ・ベイビー」を飄々《ひょうひょう》とした歌声で聴かせてくれる。三曲目に、あの、「ルパン三世その2」を歌い出した。感動より先に寒気が走った。

二回目のチャーリーズでゆっくりインタビューさせていただいた。

数年後、チャーリーさんとは偶然、「灘《なだ》温泉水道筋店」（六八頁）のサウナでお会いしたことがある。声をかけ損ねたが、神戸に住んでいることの良さをしみじみ感じた。なにかいいことありそうな気がした。この感覚を遡《さかのぼ》れば、子供の時に三宮や元町で何度もロベルト・バルボンさん［注6］を見たときの記憶に辿《たど》り着いた。

北野のチャーリーズは二〇一一年に閉店。しばらく休業したあと、東門街を山側に出た山手幹線沿い、にしむら珈琲中山手本店から西へ一〇〇メートルほど歩いた雑居ビルの六階に**「アンクルチャーリー」**を一三年の春にオープンした。

そこでチャーリーさんに二十年ぶりにお会いした。あの時は〝お聞きしたいこと〟ばかりだったが、今回は〝お話ししたいこと〟もいくつか加わっていた。「メイド・イン・日本」（七七・一八五頁）については、なんでもっと早くここで聞かなかったんだろう、と反省した。不思議なことに二十年前よりもお若く、お元気そうにみえた。コマーシャルで「中の島ブルース」をカヴァーされているのが、粋でいいですね、と言い忘れたことを帰り道に思い出した。この本が出来たら書名を見せて、「クール・ファイブつながりです」と言ってみよう。

神戸の涯で天丼を真似る

――グリル一平［新開地］ほか

クレイジーケンバンドのアルバム『ITALIAN GARDEN』の一曲目は「マカロニ・イタリアン」。作曲者であるギタリストの小野瀬雅生《おのせまさお》さん（通称のっさん）は、このギター・インスト曲を神戸新開地の洋食店、「グリル一平」の同名メニューから命名した。のっさんをグリル一平に最初に連れて行ったのはこの私であり、そのことについては、彼のブログ「世界の涯《はて》で天丼を食らうの逆襲」で律儀に書いていただいた。とても誇らしい。

私はのっさんのブログ「世界の涯……」に勝手に世話になっている。頻繁に神戸に来られるのっさんの〝舌に適《かな》った〟気取らない食べ物の数々。よっぽど私より神戸を食べ歩いておられる。JR三ノ宮駅近くの中華料理「天一軒」。彼はここの焼き飯を〝魂のヤキメシ〟と呼び、何度も訪れ、その度に写真と文章をアップされている。私の中で「天一軒」はそれまで、鳥の丸焼きとおじや（雑炊）の店だった。それなりに気に入ってはいたものの、のっさんのラブコール（フランク永井みたいだが）に触れるうちに、この店の焼き飯も自分のスタンダードの仲間入りを果たしてしまった。

もっとも驚かされたのは、神戸電鉄の丸山駅の近くにある天ぷら屋「天よし」（現在は閉店）についての記事だった。見たことも聞いたこともない店だ。どんだけ辺鄙《へんぴ》なとこに行くねん、とパソコンの前で声が出た。妙に気が焦り、一ヶ月と経たない間に、神鉄に乗ってこの店を訪れた。かつて、何かで賑やかだった名残りをうっすら感じさせる丸山の町並み、そして店構えにやられた。天ぷらを乗せた丼に多めにだしがかけられたものが、蓋《ふた》を閉じて運ばれてくる。天ぷらはじっとりと蒸らされた状態になっている。蒸らした構造（村下孝蔵）である。はじめて来た気がしない町並み同様、記憶の奥底をくすぐられっぱなしの味にシビレた。店主に「ヒゲで長髪の男性が来なかったですか」と尋ねると、「ああ、クレイジーさん」と笑顔で返された。

スイーツ・メモリー

――神戸の菓子

若い背広姿の男がJR神戸駅のホームのベンチに座って、膝の上に乗せた菓子を喰っていた。隣に座って見てみると、菓子は「神戸風月堂《ふうげつどう》」のミニゴーフルの、たぶん六枚入っているやつだった。

おっ、見上げた郷土愛、とへんなところに感心した。片手に持った缶の飲料水を見たら、「お酒です」と書かれていた。状況が変わった。ほのぼのしたムードがいきなり切羽《せっぱ》詰《つ》まって見えた。

そんな場面に遭遇したあとで、神戸の菓子について書いてみようと思いついた。ゴーフルを肴に呑んでいた男に感謝しなければ。

神戸の菓子ということで、まず、思い浮かぶのは豆菓子が売りの「有馬《ありま》芳香堂《ほうこうどう》」(店舗は三宮サンパルにあるが〔二〇二一年に中道通に移転〕、本社は兵庫県加古《かこ》郡)の焼きカシューナッツ。これにはしばらくハマった。同じく「モロゾフ」のココアピーナッツ。こげ茶色のパックに英字で「NUTS FOR YOU / KOBE JAPAN」と白抜きの字で書かれたパッケージがダサ可愛くて、神戸に来た友だちに「帰りの新幹線でどうぞ」と無理やり持たせたりした。同じモロゾフの黒（コーヒー味）と白（ミルク）の小さな飴《あめ》を一緒に食べるミントドロップも好きだったけど、最近、売られているのを見ない。我が屋の食器棚にはもちろん、コップに転身したモロゾフのプリンの容器がある。

「ユーハイム」といえば、菓子そのものよりも、古本屋でたまに見かける『デモ私立ッテマス：ユーハイム物語』がまず頭に浮かぶ。創業者であるカール・ユーハイム夫妻の激動のドラマは、それこそNHK「連続テレビ小説」でも扱われそうな題材であるが、例えば「マッサン」とは違い、主人公の夫妻がふたりとも日本人ではないので、実現は難しいかもしれない。元町本店でバウムクーヘンの切りたてを、一〇〇グラム単位で買えるのを知ったのは最近のことだ。

そして、「レンセイ製菓」（現在は閉店）［注7］。これからも元町高架下で〝美味しそう〟な夢を作って、売り続けてほしい。レンセイ製菓は象徴である。

EVIAN
COFFEE
SHOP

本書に掲載の写真はすべて、神戸市須磨区在住の写真家、永田收さんからお借りしました。具体的に文章に登場する場所は言うまでもなく、「この場所を歩いたかもしれない」という風景のぼんやりとした記憶に心が騒ぎます。各写真の後に簡単な私のコメントを添えさせていただきます。

P64「思いつき」2006年

船大工が手がけた素晴らしい内装。南海電鉄・萩之茶屋の喫茶「伊吹」にも通じる機能美。

P65上「エビアンコーヒー」1977年（昭和52年）

大きな窓に大きなロゴマーク。目を凝らして見ると、奥の壁に「蟹」の画が……あった。

P65右下「元町高架通商店街」2006年

モトコーの東の入り口にあったラーメンと餃子の「淡水軒」（現在は湊川マルシン市場に移転）は北、東、南と三方向にドアがあった。

P65左下「舌れ梵」2015年

看板をも覆う緑。試しに今、そらで「とれぼん」と漢字で書いてみたら……書けました。

第二章　ぶらぶら歩く、神戸

掛け流されて

——灘温泉水道筋店【水道筋】

家から徒歩圏内に「灘《なだ》温泉水道筋店」があることは本当にありがたい。歩いて行けるのに、わざわざ阪急電車で王子公園まで出て、水道筋をぶらぶら歩いて……というコースもまたひとつの定番だ。

二〇〇三年（平成十五年）に温泉を掘削し新装開店したが、それ以前の古くて堂々とした店構えも好きだった。昭和十三年開店というから老舗中の老舗である。広い脱衣場に貼られていた映画のポスターも記憶にある。古い店構えの頃、この近くに住んでいたわけではないのにわざわざここに通ったのは、朝五時から深夜までという営業時間のおかげ。オールナイト明けの早朝風呂として何度も利用した。

リニューアル後は「ホワイト・アルバムか！」と突っ込みたくなるほど白一色のタイルで統一された内装が心地よい。備長炭でろ過された飲料水を飲んで、かかり湯の後、身体を洗い、熱い温泉に十分ほど浸かる。サウナに入れば開ききった毛穴から滝の汗が出る。すかさず水風呂。紛《まご》うことなきトリップ。冷やしきった身体を露天風呂で戻す。そして、掛け流しの源泉へ。加温も加水もせず、入浴剤も入れていない。体温よりわずかに低い温度が心地よい。目をつむり、ちょうどこの文章くらいの原稿を頭の中で書いてみる。店全体から聞こえてくる水の音を、両耳を塞《ふさ》いで遮断したり、すこしずつ手を開いたりして、即興のノイズ・ミュージックを楽しんでみる。これが一連の流れ。気が向けばビクビクしながら電気風呂に入ったり、うたせ湯にうたれたりもする。ゆっくりとこれを二回繰り返せば、軽く二時間経っている。昨今のスーパー銭湯では「刺青《いれずみ》の方お断り」という張り紙をよく見るが、この店はそんな野暮は言わない。派手な彫り物も完全に灘温泉の風景の一部である。

風呂あがりは休憩スペースでビールを呑むのもいい。腹が減っていたら向かいの「船越」で串かつを。もっと呑みたいときは「高田屋旭店一色屋」で白みそのかかったおでんを肴《あて》にゆっくりやる。

急がばまわれの高松線

――西出高松前池線［兵庫区七宮〜長田区駒ヶ林］

週の何日かの午前中は軽自動車に乗って、アルバイトで配達の仕事をしている。もう五年目になる。職場は須磨《すま》区で、神戸の東部に出た日に帰社する際、国道2号線を使って帰る代わりに、その南を走る高松線（正式名称は**西出高松前池線**《にしでたかまつまえいけせん》）を走ることが多い。

高松線とは、東の端は兵庫区七宮一丁目、ここから長田区駒ヶ林町五丁目の一〇キロ足らずの道路を指す。ちょうど道路の下を市営地下鉄の海岸線が走っている。地図で見ると国道2号線はまっすぐなのに対して、高松線はだらんと下に湾曲している。これだけ見ると完全に遠回りなのだが、信号にかかることが少なく、所要時間は短い……ような気がする。同じ区間の国道2号線は阪神高速3号線の高架の下で、その風景はなんともグルーミーだ。それに比べると高い建物も少なく、空が広い。

これまでに中央市場や和田岬あたりは何度も来たことはあったけれど、それ以外の風景が私には目新しい。中央市場から中の島の交差点を越えたところにある橋の欄干《らんかん》が綺麗な朱色に塗られている。「アミカ」って喫茶店、たしか内装が良かったなあ。「しらさぎ」ってクリーニング屋の店構え、元は喫茶店ぽいなあ。バニーのロゴも使っている「プレイボーイ」ってバー、まだ営業してるのかな。ウイングスタジアムの近くはマンションや店が多くて、生活するのには便利そうだな。どーんと右側に見えてくる三ツ星ベルトの広告塔、カッコいいなあ、「淡路屋」って定食屋にも行ってみたいなあ、駒林《こまがばやし》神社って渋いなあ……と風景を味わいながら、車を走らせる。記憶にある風景がどんどん変化していく中、記憶にないはずなのに妙に懐かしい風景を愛でることで、失われた記憶を補完しているようなところがある。走る車の中で横山剣さんのように曲を作ることはないけれど、頭の中でこの文章ほどの長さの原稿を書いたりもする。

海は見えないが、海の近くを走っているという感覚が心地よい。

淀みなく人は流れる

――東山商店街［湊川］

昔から神戸の台所と呼ばれ親しまれている東山商店街。

一八九六年（明治二十九年）、もともと現在の新開地本通りを流れていた湊川が決壊し、大きな水害が起こった為に、川が埋め立てられ、一九〇一年（明治三十四年）、現在ある湊川に流れを変えた。その結果生まれた、南北に長い空き地に出来たのが湊川公園と新開地で、湊川公園には大正十三年（一九二四年）に神戸タワーが立ち、一九二八年（昭和三年）、神戸有馬電気鉄道（今の神戸電鉄）のターミナル駅、湊川駅が出来る。その西側から商店街は発展し、今も賑わっている。

なるほど、川の流れだ。水の代わりに人が淀《よど》むこと無く流れている。「稲田串カツ店」の立ち喰いのカウンターには大阪でお馴染み、二度漬け禁止のソース入れが備え付けられている。買い物途中の主婦が二、三本つまんで小腹を満たす。酒は売らない。

呑みたい人は近くの酒屋から持ち込みすればいいけれど、ここは我慢して、アップル［注4］だ。新開地と違ってこの商店街は呑まない人に優しい。ミックスジュースを売る店、レモン水や冷やし飴を売る店がそれぞれある。

「楠堂本家《くすのきどうほんけ》」（現在は閉店）の「野球カステーラ」は、阪神尼崎駅の銘菓「ホームラン最中」と並んで関西を代表する、（他に知らんが）野球菓子である。人形焼の類いで、ここのカステラはグローブやボールを象っている。「ルビアンコーヒー」の黒人少年の給仕のトレード・マークは愛らしく、しみじみと時代を感じさせてくれる。時代といえば、リヤカーで美容の為の「椿油」を作り、瓶につめて売る商人もいる。

一服するなら「東山」という喫茶店。大衆喫茶の雰囲気を残しながら、思いがけず店内が広くて嬉しい。適当に古い歌謡曲のＢＧＭが耳にくすぐったい。夏は氷スイカを頼んでみよう。

　商店街から枝葉を伸ばす路地の風景もいちいち気になる。民家や古い店が並ぶ中、妙に新しい店構えの「王子餃子専門店」を見つけた。ここでは昼間からビールと餃子を遠慮無く。

そもそも名画館は

——神戸の名画館［新開地］

「シネマ神戸」は神戸高速線新開地《しんかいち》駅から浜手に向かって五分ほど歩いた場所にある映画館。いわゆる名画館だ。

劇場の入り口がふたつに分かれていて、向かって右が成人映画、左が洋画の二本立てを上映している。入れ替えなしの全席自由席。これが最近では珍しくなってきた。私はこれが妙に落ち着くのだが、同時に、入れ替え制の快適さもそれはそれで享受している。

新開地駅を挟んで同じくらいの距離を山手に歩くと、もうひとつの名画館「パルシネマ しんこうえん」がある。ここも洋画・邦画入り混じった素敵なラインナップで楽しませてくれる。以前、ここで『レザボア・ドッグス』（一九九二年）が上映されていたとき、ある猟奇的なシーンで、隣に座っていた中年女性が明らかに強いショックを受けた。映画をニヤニヤ楽しんでいた私はなんだか申し訳ないような気持ちになった。どちらかと言えば「パルシネマ」は文芸作というか、品のよいプログラムが多く、観客もまた同じイメージがある。それに対して「シネマ神戸」は、ガサツな私のような人間が好むアクションやSF映画を上映してくれる。山手の名画館と下町の名画館。なんとなく、うまく住み分けが出来ている。……と、乱暴に言い切ったあとで、「シネマ神戸」が最近では通常の興行以外にレイトショウというかたちで小規模公開作品を紹介するなど、プログラムの幅を広げていることも書き加えておこう。

「シネマ神戸」は以前、シネマしんげき、その前は新劇会館という名前だった。五七年に開館する前は戦前からの芝居小屋だったそう。名画館「新劇会館」時代に世話になった。上映中のスクリーンの前を黒い猫が横切る、なんとも自由な映画館だった。高校の授業をさぼって、誰もいない二階席でひとり、トビー・フーパーの『悪魔のいけにえ』（七四年）を観ていたとき、突然、座っていた椅子が派手に壊れた。映画もなにもあったもんじゃないほどの恐怖を味わった。

今日も描いている

――横尾忠則現代美術館［王子公園］

横尾《よこお》忠則《ただのり》の故郷は兵庫県多可郡西脇町（現西脇市）。西脇は彼の多くの作品の題材となっている。今は京都に移したが、もともと私の本籍は西脇に隣接する兵庫県加東郡社町《やしろちょう》（現加東市）で、西脇にも親戚は多い。開館時は横尾忠則作品を専門に展示していた西脇の「日本へそ公園」にある岡之山美術館にも何度か行った。JR加古川線を走った横尾デザインの「ラッピング電車」にも乗った。横尾さんも子供の頃は、きっと「葬式」のことを「そうれん」、「大丈夫だ」ということを「べっちょない」など播州弁《ばんしゅうべん》を使っていたに違いない。そんな風に、どこか身近に感じていた横尾忠則の美術館が、家から私鉄の駅でひと駅、歩いて行けなくもない距離に出来たので驚いた。

「横尾忠則現代美術館」は、兵庫県立美術館王子分館、原田の森ギャラリーの西館に二〇一二年に開館した。繰り返し使われるモチーフの主題と変奏に着目した「反反復復反復」から、すでに十回を越える展示のほとんどに今のところ足を運んでいる。

南伸坊《みなみしんぼう》の著作に影響を受け、美術に関しては門外漢を決め込むことでさらにそれが楽しめるようになった私だが、段々、図々しくなり、「この壁で一番欲しい絵は」なんて即物的な見方をしている。そうすると、どうしても一九六〇年代から七〇年代初期の若き横尾作品に軍配があがるのだが、「二〇一×年代」作品がどんどん増えていくことに気づき出してからは、多作の作家の生命力に触れたような気がして、深い感動を覚える。いわば番外編的な「記憶の遠近術～篠山紀信、横尾忠則を撮る」も素晴らしかった。横尾忠則以外の何者にも表現出来ないほどの全能感とミーハー魂がスパークしていた。いつかは、彼が六八年にデザインした神戸のサイケデリック・ディスコティーク「メイド・イン・日本」の内装の再現……なんてのも観てみたい。

四階のアーカイブルームの窓から山側を望む景色も楽しみのひとつ。二十歳の頃、横尾忠則が住んでいた青谷《あおたに》町も風景のピースだ。

山沿いを沿う

——神戸市営バス2系統［元町一丁目〜阪急六甲］

神戸市営バスの2系統は、元町一丁目から阪急六甲（阪急六甲あるいはJR六甲道から、三宮（阪神前）あるいは三宮神社前）を走る。阪急六甲から、六甲登山口、護国神社前、五毛天神《ごもうてんじん》、観音寺、神戸高校前、青谷、野崎通三丁目、布引《ぬのびき》……と、山沿いを沿うように走って行く。このルートのおかげで、山手に住む人たちの利用が多く、昔から黒字路線となっている。利用者の数はそのまま便数に反映する。阪急六甲の乗り場には、ほとんど常にバスが停車していて、乗り込んで待っていると、昼間は五分の間隔も明けずに運行する。

新神戸を使うときは、これに乗る。布引のひとつ手前、熊内六丁目で降りて、静かな住宅地の中を抜けて歩くのが好きだ。

青谷を通り過ぎるたび、「青谷ベーカリー」のロールパンが食べたくなる。神戸市バスに〝ＩＣカードで降車して次のバスを降りるまでが一時間以内ならば、乗り換えは無料というサービス〟があることをつい最近、知った。寄り道して、タマゴロールを買って帰ろう。

護国神社で月に一度、バザーが開かれる（二〇一九年に終了）。家から歩いて行けなくもない距離だが、つい、2番のバスに乗る。いつも出店は少なく、収穫ゼロという日も多いのだが、二十年ほど通ったうち、一万円で買った段ボールいっぱいの（ヒットしなかった）歌謡曲シングルや、老人の私家製エロ・スクラップなど、いいものにも出会っている。

十数年前のある日、ここで、ＬＰレコードを漁っていると、カレン・ダルトン『イッツ・ソー・ハード・トゥ・テル・フーズ・ゴーイング・トゥ・ラヴ・ユー・ザ・ベスト』を見つけた。五百円。なんか悪いなあ、とお金を出すと、店の方に「安田さん、ですね」と声をかけられた。なんでも、この近所に住んでいるという情報から、私が来ると〝張って〟いたらしい。餌に釣られてしまった。とても感じのいい男性と、これまた感じのいい女性のカップル。若いふたりを撮影した写真をまだ持っている。今、どうしているのだろう。

スマデーラ・スクリーマデリカ

――須磨寺附近［須磨］

須磨寺《すまでら》で月に一度、蚤の市があることは、ドラマーの楯川陽二郎《たてかわようじろう》［注8］さんから教わった。これとは別に月の二十日、二十一日は「お大師さん」の市も立つ。正直、ここでいい出物に出会ったことはないが、山陽電車の須磨寺駅から須磨寺までの参道、須磨寺の境内がとても静かで、歩くだけでも心地よくて、何度か足を運んだ。須磨寺の魅力は静けさだけではない。さまざまなモニュメント、アトラクションが待っている。

なんといっても一ノ谷の合戦の旧跡、平家物語の名所だ。それに因《ちな》んで、庭には平 敦盛《たいらのあつもり》と熊谷直実《くまがいなおざね》の一騎打ちを原寸大の銅像で再現した「源平の庭」がある。「宝物館」には、源平ゆかりの品々が展示され、小石で作られた人形たちが動くジオラマで源平合戦が再現される。

階段を昇り、境内を奥に進んでいくと、源平とは別の不思議なオブジェが並んでいる。見ザル、言わザル、聞かザルに、怒らザル、見てごザルを加えた「五猿」の像は頭を撫でると手が可動する。「ぶじかえる」の蛙の像には〝ビックリしたい人は目玉を回して下さい。借金に困っている人は首を回して下さい〟と注意書きがある。いずれもお金をかけて、しっかりと作られている。

中でももっとも印象的なのはシベリア満蒙《まんもう》戦没者慰霊碑の前にある「ミーシャぐま」の像。頭を撫《な》でてやると、一弦琴による「異国の丘」の旋律が鳴り響く。とても切ない空気が裏山の風景に漂う。

参道は「智慧《ちえ》の道」と名付けられ、道の両側に商店が並んでいる。敦盛団子やキムラヤのパンを買い食いするのも楽しい。しっかり食べたいときは、名物「寿し竹」のうの花《はな》ずしに未練を持ちつつ、いつも「志らはま」の巻き寿司を選んでしまう。「須磨霊泉」に立つ温泉宿の看板を見ていると、ちょっとした旅情を感じる。スペイン語っぽくスマデーラと口にしてみる。

兵庫駅で降りる

──兵庫駅界隈［兵庫］

これまでに、JR兵庫駅に行くことは数えるほどしかなかったけれど、通勤定期券を持ってからはよく途中下車している。

きっかけはレンタル・ビデオ屋。駅の北側を西に向かってすぐにある、高架下の「リブロス兵庫店」だ。タイトルは忘れてしまったが、原稿の資料用に観直したい映画が、全国チェーンの大型店では見当たらず、ここにあった。品揃えの〝筋〟が絶妙だ。時代もの、任侠《にんきよう》映画が充実している。たとえば石井輝男の『異常性愛記録 ハレンチ』（一九六九年）が、しっかり在庫されている店だ。スケバンものも多い。

最近はレンタル・コミックも充実して、その影響でビデオ棚のレイアウトも変わったが、以前は多数ある戦争映画の棚が、〝レイテ沖海戦〟のように、戦争別に仕切られていて驚かされた。

併設されている本屋もエロ雑誌が並んでいてなんとも逞《たくま》しい。

ここから少し北に歩くと、大きな古本屋がある。その前のたい焼き屋が子門真人《しもんまさと》「およげ！たいやきくん」をBGMとして流していて、それを聴いた（この曲をはじめて聴いたと思しき）女子高生二人組が歌詞にいちいち反応して、爆笑する、という貴重な瞬間に遭遇した。思わず雑誌の連載で原稿にしたほど、いい体験だった（現在は古本屋もたい焼き屋も残念ながら閉店してしまった）。

駅の北口ロータリーから北へ、何筋目かを東に入る。「神戸一」というナイスなネーミングの喫茶店は、手軽なランチのメニューが揃う。さらに東に進むと、角店に「長谷川商店」という、個性的な外装の店（現在は閉店）。それを過ぎて、次の信号がある交差点を左に曲がると「ビストロ・プティポワ」がある。

この店は矢倉邦晃《やぐらくにあき》［注9］さんに教わった。しっかりしたコース料理をゆっくりと楽しめる。コスト・パフォーマンスの高さは類をみない。夜はもちろん、昼からワインを呑みたい、という時にも最適だ。店の〝品〟が、兵庫の〝くだけた〟雰囲気と融《と》けあって、いい塩梅の空気を生み出している。肩の力を抜いて、気取った食事を楽しめる。

ダイ・ハード

――稲荷市場［JR神戸］

東山市場から、湊川、新開地と、ぶらぶら町を歩いて、今は無くなったけれど大阪ガスの古いビルのあたりまで来れば、もう、その先には行くべきところもない。ずっと、そう思いこんでいた。

お楽しみはこれからだ。ＪＲの高架をくぐり、さらに国道２号線、湊町一丁目の交差点を越えると、中央区と兵庫区の境いとなる道路がまっすぐに海に向かって伸びている。その先には川崎重工業の神戸工場がある。かつて、この界隈の商店は工場の従業員たちを得意として成り立っていた。今も夜勤明けの工員を目当てにした店がある。「喫茶ベニス」（現在は閉店）は朝六時から昼の三時という営業。ゆったりとした店内に擦りガラスからの光が優しい。「ヤスダヤ」（現ニューヤスダヤ）は朝九時から呑める店。蒸し豚、玉ひもと肴もしっかり味わえる。

西に一本、表通りと並行して**稲荷市場**がある。神戸では珍しいビリケン神が祀《まつ》られた松尾稲荷神社から国道2号線までの二〇〇メートル足らずの商店街。もとはすべてを覆っていたアーケードも途中で途切れている。営業を止《や》めた店舗も多い。昼なお暗き、いわゆるシャッター商店街の趣《おもむき》なのだが、今も営業している店がいずれも魅力的で、強い。「中畑商店」のホルモン焼きは串で喰う。目の前で大将が次から次と焼いていくのを、タレに付ける。大阪新世界ジャンジャン横町の串カツ屋と同じシステムで、好きなだけ取ればいいシステムなのだが、いくらでもいけるので、つい食べ過ぎる。昼からの酒も進む。その南隣には「お好み焼き ひかり」。名物はお好み焼きで作った海苔巻き。店にはブルーウェーブ時代のイチローの写真が。つくづく、いい仲間に恵まれていたのだろう。

行政による復興から取り残された町。だからこそ、生き残った店の逞しさを感じる。不定期にイベントを行う「サロン I'ma（イマ）」や、月に数日だけ営業するスナック「アーバン・ウエスト」（現在は閉店）など、この小さな町に魅せられた新しい顔も自然に受け入れられていく。

平野町界隈

——湊山温泉［平野］

平野の町が好きだ。天気がよければ歩いて行きたい。以前はJR神戸駅から、有馬街道沿いに歩いた。途中で奥崎謙三の家を確認しながら、ゆるやかな坂を昇った。

こんなルートもある。東山市場から、細い道を抜けて山側に向かうと、民家や、銭湯、小さな町工場などの風景が続く。バス道に出て、右に曲がると軒《のき》の低い建物が続き、車道を挟んだ歩道にアーケードが見えてくる。この辺りから時間の感覚がおかしくなってくる。

平野は平清盛ゆかりの地として、長い歴史を持つ。二〇一二年にNHKの大河ドラマで「平清盛」が放映されたのを機に、町はその歴史を強く表に打ち出している。平野商店街には平清盛を模した「きよもん」というご当地キャラもあり、「きよもんサンバ」というノベルティ曲も生まれた。そんな町おこしの騒ぎを聞き流すかのように、平野の町はいつも眠そうな顔で、時間の流れを忘れている。

まずは古本屋「やまだ書店」へ。品揃えには、古くから京都の学生街にある店、という印象を持っている。可動式の本棚はほかであまり見ないものだ。平野の交差点を西に歩くと「イマヨシ書店」（現在店舗は閉店）。反対に東に五〇〇メートルほど歩くと「古書片岡」がある。

平野にはふたつの温泉銭湯があった。「天王温泉」は木造の風情溢《ふぜいあふ》れる建物だったが、〇四年に休業した。老人客が一心不乱に五〇度近い高温の湯船の湯を埋める姿が、なにか儀式のようで忘れられない。

もう一軒、「湊山《みなとやま》温泉」は今も営業を続けている。背景を山の景色に抱かれた佇まいが旅情を刺激する。掛け流しの炭酸泉の心地よさは言うまでもない。湯上がりに畳敷きの休憩所で足を伸ばし、窓から入る風に吹かれる頃には、もはや、これも旅なのである。

店を出ると「かどや」という、神戸には珍しい、きしめん屋がある（現在は閉店）。ただ「きしめん」としか書かれていない看板を、「ゆでめん」と変換して、いつもニヤニヤしてしまう［注10］。

神戸市に甲子園球場はありまへん

――神戸総合運動公園野球場　［総合運動公園］

阪神タイガースのファンだが、オリックス・バファローズが準本拠地とする「ほっともっとフィールド神戸」には何度も行っている。グリーンスタジアム神戸から、Yahoo! BBスタジアム、スカイマークスタジアム、そして、ほっともっと……と、ネーミングライツのおかげで二代目快楽亭ブラック並に改名を続けているが、正式な名称は**神戸総合運動公園野球場**という。

天然芝で、ボールパークという概念にこだわった、とても美しい球場だ。両翼は九九・一メートル、中堅も一二二メートルと十分な大きさがありながら、野球盤のように見える。これくらいならホームラン打てるんじゃないか、と、毎度同じ世迷い言を口にしてしまう。

年に一度か、二度、誘われてオリックスの試合を観ている。イチローの日本での最終シーズン（二〇〇〇年）、異様な歓声に応えながら守備につく姿はさすがに忘れられない。なぜか、千葉ロッテマリーンズ戦にあたることが多く、レフトスタンドの圧倒的な応援も早くから体験している。まだサブローを認知していなかった頃に聞いたサブロー・コールには、持っていたビールをこぼしそうになった。

ＴＢＳのスポーツ・バラエティ「ＳＡＳＵＫＥ」の古参出場者、山田《やまだ》勝己《かつみ》は、球場のスタンドで生ビールを売っている。記念撮影のサービスもあり、これがよく売れている。テレビで顔を売り、顔でビールを売る。売りながら、身体を鍛えている。なんて無駄のない生き方なのだろうと感心した。

神戸電鉄の二郎《にろう》駅から二十分歩いたところに、オリックスの二軍戦が行われる「あじさいスタジアム北神戸」がある。〇八年夏、炎天下の日、オリックス対阪神の二軍戦を観に行った。阪神は今岡と能見が、オリックスは濱中と清原が出ていた。清原はＤＨで、打順以外はグラウンドの隅をサーカスの熊のような動きで歩いて廻った。あれほど孤独な生き物を見たことがない。

ゴムの町にガオー

――鉄人28号のモニュメント【新長田】

JR新長田駅の南側、歩いて数分の若松公園に鉄人28号の大きなモニュメントがある。NPO法人「KOBE鉄人プロジェクト」によって、震災復興と地域活性化のシンボルとして二〇〇九年に完成した。『鉄人28号』の作者である漫画家、横山光輝《よこやまみつてる》の生誕地が神戸市須磨区で、二十歳ちかくまで神戸で過ごしたことに因んだものである。完成後、何度か〝彼〟の姿を拝んでいるが、そのたびに、悪くない、と心でつぶやく。新長田から鷹取方面に動き出した車窓からちらっと見える後ろ姿もなかなか味がある。

モニュメントだけでなく、神戸市営地下鉄の海岸線駅構内で『鉄人28号』のテーマソングが流れている。東急プラザ新長田の南側の歩道にある街灯も鉄人28号の頭部をデフォルメしたもので、これもなかなかの力作だ。

『鉄人28号』のみならず、この町は横山光輝の代表作『三国志』をテーマに打ち出している。三国志ギャラリーに、武将の石像の設置、「孔明《こうめい》わん」と「関《かん》うーたん」なるご当地キャラも産みだしている。思い入れという点では『三国志』も相当なものだろうが、単にフォルムの魅力という点に置いては鉄人に軍配があがる。わかりやすい。

横山光輝の原作ということで、おせっかいを承知で今後の展開を考えてみた。『仮面の忍者 赤影』に因んで金目像を建てるというのはどうだろう。鉄人28号のモニュメントに向かいあわせるようにジャイアント・ロボを立たせるとか。『魔法使いサリー』だったら、託児所（三つ子専用）など女性にアピール。『バビル2世』はやはりバビルの塔……といいたいところだけれど、箱物《はこもの》は「アスタ新長田」で充分ですよ、とここだけマジになったりして。

こういう話になると、そのペンネームの由来となった兵庫区水木通に、水木しげるに因んだなにかが存在しないのは物足りない。さすがに境港の水木しげるロードに敵うものなど作りようがないだろうが、せめて吸血鬼エリートの像ひとつくらい置いてほしい。

伸びろ! アーケード ——水道筋商店街【水道筋】

「水道筋」という町名は、千苅《せんがり》貯水池から宝塚市、西宮市を経由し、神戸市内まで建設された水路「神戸水道」に因む。昭和六年(一九三一年)、水路の上に道が出来、そこに商店が並んだものが**水道筋商店街**の起こりとなった。四五〇メートルのアーケードで東西に伸びるエルナード水道筋商店街を主脈に、そこから全部で八つの商店街と四つの小さな市場で構成されている。

八百屋、魚屋、肉屋、豆腐屋、パン屋、米屋、酒屋、スーパーマーケットと生活に結びつく店舗はいつも活気づいている。銀行も診療所もある。その合間にパチンコ屋があり、昼間から呑める店がある。おばはんにも、おっさんにも優しい町である。東からアーケードに入ってすぐのリサイクル・ショップも忘れてはいけない。RCサクセション『シングル・マン』のジャケ画となった教育用の図案集『幼児・児童 絵画統覚検査図版』を妻が買ったのも、この店だ。

かつて水道筋一丁目に「おやつセンター」という夢のようなネーミングの店があった。かなり間口の広い店だった気がするが、子供のときの記憶ゆえ、あてにはならない。たこ焼き、焼きそば、ピロシキなどを売っていたが、今も水道筋は買い食いで小腹を満たす店に事欠かない。「一燈園《いっとうえん》」の串かつは大人のおやつセンターだ。

神戸ルミナリエの向こうをはった、水道筋六丁目のイルミネーション「ルミナーダ」や、「アメフトえびすまつり」など、催事もいちいち憎めない。灘中央市場の北側の筋では「戦車」と「ハト」の二台の乗り物が戦争と平和を謳《うた》う。いじらしい。

アーケードをさらに西に延ばして、大日《だいにち》商店街につなげて、そこから春日野道《かすがのみち》商店街と大安亭市場ともつなげて、そのまま三宮まで続けば、濡れずに歩いて行ける、と子供の頃よく夢想した。天神橋筋商店街を凌《しの》ぐ長さ。老人がうろうろしながら、知らぬ間に一万歩ほど歩いてしまうような。私が市長になった暁には実現させたい。

処女の温かい泉

——六甲おとめ塚温泉［石屋川］

阪神石屋川駅から西南の方に五分ほど歩いたところに「処女塚」という交差点がある。なかなかインパクトがある字面だ。しょじょづか、ではなく、おとめづか、と読む。

交差点にはその名の由来となる処女塚古墳がある。四世紀前半に造られた前方後方墳で、万葉集にも出てくる「菟原《うない》処女《おとめ》の伝説」の舞台とされている。ひとりの娘をめぐって、ふたりの男がそれぞれ妻にしたいと争う。娘はその状況を不憫《ふびん》に思い、自殺。男たちも後を追った、というのが伝説のあらましだ。

「乙女塚」が娘の墓、「乙女塚」の二キロ西の「西求女《にしもとめ》塚《づか》」と、一・五キロ東の「東求女塚」が男たちの墓とされている。「東……」は記念碑だけだが、「西……」は全長一〇〇メートル近い大型の前方後円墳として現存している。「おとめづか」と「もとめづか」。かつて〝MOTHERからMを取ると、OTHER。他人です〟というCMがあったが、それ風に言えば、〝MOTOMEZUKA、Mを取ったらOTOMEZUKA〟である。韻踏《ライム》みまくりである。

乙女塚の交差点から北へ、国道2号線の徳井交差点を越えて、右手三筋目に交番があり、それを東に入ると**「六甲おとめ塚温泉」**の、大きな「ゆ」の字の看板が見える。

外観は普通の銭湯だが、この露天風呂は源泉掛け流しの天然温泉。淡く色のついた湯に浸かっていると身体中に気泡がまとわりつく。四角くトリミングされた空を見上げながら、いくらでも入っていられる。あくまで個人の主観であるが、ここの湯はキツい。帰り道は遊び疲れた子供みたいに、ぐったりとした状態になる。この感覚が恋しくて、また通ってしまう。これが四二〇円、銭湯の料金で味わえる。最近のスーパー銭湯のように、ボディソープやシャンプーを完備していないので、風呂道具一式を持参しなくてはいけない。忘れたときは、ただ温泉に浸かっている。ぐったりして帰ってくる。

山に「力」の字

――錨山・市章山

一九〇七年（明治四十年）の神戸港築港起工式を記念して、六甲山の、市街地から目につく場所を削り、神戸市の市章の形に植樹したのが、**市章山**《ししようざん》。その四年後、西隣の山が**錨山**《いかりやま》と名づけられ、その名に因み、錨の形に松の木が植えられた。ともに夜間はそのフォルムが点灯するようになり、神戸を代表するランドマークとなった。

一度、ここに歩いて登ってみたくなった。六月一日の月曜日は朝から快晴。ＪＲ元町駅から鯉川筋を登り、諏訪山公園から、金星台、ビーナスブリッジまで一気に歩く。ここまでは順調。休憩もせずに錨山への最後の急勾配《きゆうこうばい》をあがる。これが効いた。錨の上にある展望台まであがるとヘロヘロになってしまった。Ｔシャツを脱いで、手すりに干すと五分で汗は乾いた。疲れも取れたので、市章山にも登る。「錨」は真横の登山道から見ることが出来るが、「市章」は急勾配なので、その場から形を確認するのは不可能だ。

下山して、北野の「シャミアナ」でカレーを食う（「シャミアナ」の北野店は現在閉店）。映画の日なのでミント神戸の映画館に『天才バカヴォン～蘇るフランダースの犬～』（二〇一五年）を観に行った。九階のエレベーターホールから錨山を見る。目を凝らせば、Tシャツを干している男が見えるような気がした。

神戸市の市章のデザインは古い仮名遣いによる神戸＝カウベの「カ」の字を基《もと》にしている。幸か不幸か、シャネルのロゴ・マークにとてもよく似ている。

かつて、元町高架下の洋服店で売られていた、シャネルのロゴを模したTシャツが凄かった。マークの真ん中あたりに横一文字の傍線が引かれているデザインで、これでは罪にも問われることもない。……と、思いきや、その横一文字の傍線がなんと紐《ひも》になっていて、するっ、とそれを抜くとシャネルのロゴになる、というシロモノだった。買っておけばよかった、と思い出すことがたまにある。

曇りガラスの向こうは

――六甲アイランド［六甲アイランド］

ポートアイランドに続く人口島、六甲アイランドの完成は一九八八年。住宅の入居がはじまり、文化施設が徐々に整備されていった。

身近な場所になったのは震災から間もない九七年。巨大な空飛ぶ円盤を模した外観の神戸ファッションプラザが出来たときだった。

ここに兵庫県ではじめてとなるシネマコンプレックスの映画館、「ＭＯＶＩＸ六甲」が開館した。日記がわりの手帖で振り返ると、オープンから二日目に『マーズ・アタック！』（九七年）を観に行っている。シネコンのシステムそのものよりも、二時間まったく腰が痛くならない座席に感心した。数年間は、多くのロードショウをここで観ている。業績が悪化し、二〇一〇年、閉館となった後、シネウェーブ六甲という名で復活したが、一年少しで無くなってしまった。

同じ神戸ファッションプラザにある「神戸ファッション美術館」は今も健在。ミュージアムでの特別展も観に行くけれど、それ以上に世話になっているのは、ここの図書館だ。ファッションを含むカルチャーに特化したコレクションで、多くの洋書、洋雑誌を所有している。俳優のユル・ブリンナーが撮った写真を集めた大型本など、ここではじめて知った映画本も少なくない。

六甲アイランドとJR住吉駅を結ぶのは六甲ライナー。正式名称は神戸新交通六甲アイランド線という。電車が阪神魚崎《うおざき》附近の住宅街を走行するとき、窓ガラスに自動的にスモークがかかる。地域住民のプライバシー保護のための効果なのだが、少しSF映画のようで気味が悪くて、いつも「曇るぞ、曇るぞ」と待ち構えてしまう。

女子サッカー、INAC神戸のクラブハウスと練習グラウンドも新名所といっていいだろう。島の商業施設は斜陽の一途を辿《たど》っているが、中心の住宅地を囲むように配置された工場地帯の繁華は、六甲大橋を走る大型車の交通量が証明している。島の周縁部にあるカネテツデリカフーズの「てっちゃん工房」にも行ってみよう。

一〇八米のブルース

——神戸ポートタワー［メリケンパーク］

神戸ポートタワーといえばウルトラセブン「ウルトラ警備隊西へ」（一五六頁）を思い出すが、もうひとつ大映映画『大怪獣決闘ガメラ対バルゴン』（一九六六年）も忘れてはならない。六三年に建設されたその三年後に、怪獣バルゴンに、とてもあっけなく、芸の無いやり方でタワーは破壊される。バカリズムの都道府県のネタじゃないけれど、鼓《つづみ》型の美しいフォルムは、もう少し〝絡み〟に工夫出来たのでは、と思う。

雨の午後。ひさしぶりにタワーに昇った。

二年前に五十周年を迎えたということで、タワーにまつわる年表のパネルが十数枚、展示されている。神戸一郎（かんべ、ですよ）が歌う「神戸ポートタワー音頭」、ガラス張りのエレベーターが「ヌードエレベーター」と呼ばれていた、節分の豆まきに六代目笑福亭松鶴《しょうふくていしょかく》……など、黎明期《れいめいき》のエピソードのひとつひとつに足が止まる。

七百円払ってエレベーターで展望台へ。たったひとりの客にエレベーターガールひとり付いてくるのが、くすぐったい。

展望レストランは三六〇度を約二十分かけてゆっくりと回転する。黒ビールをオーダーした。鞄に入っていた田中康夫『たまらなく、アーベイン』（河出書房新社）の新装版を開くと、スティーヴン・ビショップ「雨の日の恋」のページ。これは出来過ぎ。iPhoneで動画を検索して再生すると、窓から見える風景には賑やかすぎた。そもそもこれは雨の日の歌でもない。それなら、と、吉田美奈子「Rainy Day」を、これも動画サイトから再生する。ハマりすぎて、溶けそうになった。このレコードが新譜だったときに、バイト先で薦めてくれた中井さんは元気だろうか。メロウを極めたところで、選曲を携帯プレイヤーの町あかり『ア、町あかり』に変えて、帰りのエレベーターに乗った。

元町商店街を歩いて、四丁目の半ばからいきなり目に入ってくるポートタワーが好きだ。タワーに向かって歩き、立ち呑みの「山田酒販」で一杯やって出てくると、またタワーが見える。

乗って降りてまた乗って

――須磨浦山上遊園【須磨浦公園】

一九九八年（平成十年）に阪急電鉄神戸線から「須磨浦公園ゆき」特急が無くなった。思い出すと、なんとなく淋《さび》しい気持ちになる。

山陽電車の須磨浦公園駅に着くと、今でも遠足気分だ。伊藤太一が彫画で描く、女の子のキャラクターが入った地図を見るとホッとする。ここから須磨浦山上遊園までは乗り物天国。無理やり、多種の乗り物に乗せるための設計という気もしないでもない。

まずはロープウェイで鉢伏山上駅《はちぶせさんじようえき》へ。眼下には明石海峡大橋から神戸市街地までパノラマの景色が広がる。須磨観光ハウスのロッジ風の建築も見どころだ。

ロープウェイの鉢伏山上駅と回転展望閣を結ぶのは六六年（昭和四十一年）生まれの「カーレーター」。ベルトコンベアに設置された二人乗りの乗り物で急斜面を昇る。

振動の激しさも味わいのひとつ。江ノ島に五九年（昭和三十四年）に国内初の屋外エスカレーターとして設置された「エスカー」というものがあるが、ふたつの名前を合成するとエスカレーターになるのは後で出来たカーレーターが意図したのだろうか。

回転展望閣では忘れずにジュークボックスで歌謡曲を再生する。ここから旗振山の山上遊園までリフトに乗る。これが微妙な高度で落ち着かない気持ちになる。旗振山《はたふりやま》では、間の抜けた表情の動物の置物が並ぶ公園や、「ふんすいランド」（♪ドーム、レインボー、ミュージック、ファンファーレ……のCMソングも懐かしい「ドレミファ噴水パレス」の跡地。現在は「花の広場」になっている）、サイクル・モノレールなど切なさ満点のアトラクションが待っている。

ある日。ふんすいランドでサンテレビの「サンデー・ミュージック・ボックス（一七六頁）」（だけ）でお馴染みのデュオ歌手「くるーず」の営業ライヴがあった。本番後の二人と、彼らの連れの女性二人の四人組と帰りのカーレーターで一緒になり、そこでギャラと思しき紙封筒を開いて、現金を数えだす姿を目撃した。とってもいいものを見た。

ポーアイよもやま話

――ポートアイランド【ポートアイランド】

かつて、車で国道2号線を、または電車でJR（国鉄）か山陽電車で西に向かうと、須磨駅をしばらく越えたあたりで、進路と垂直に交差する大きなベルトコンベアが海にはりだすのが見えた。

神戸市が一九六四年（昭和三十九年）に建設したこのベルトコンベアは、山を削り、そこに団地を建設し、その土で海を埋め立てる、という都市計画を目的としたものだった。合理的というか、ドライというか。限りなくSF的だ。ベルトコンベアは二〇〇五年に役目を終えて、現在は撤去されている。今もたまに、これを覚えているかどうか、という話をすることがあるが、私が見たことがあるのは全長一四・五キロのほんの一部。この大胆な事業によって、山には、神戸複合産業団地、研究学園都市、流通業務団地、名谷団地、横尾団地、高倉台団地が生まれ、海にはポートアイランド、六甲アイランドが生まれた。

ポートアイランドの〝開島〟にあわせて、「ポートピア'81」が行われた。ちょうど京都で生活をはじめた頃だったのと、博覧会といえば大阪万博という思い込みが強かったので、醒めた目で見ていた。友人に誘われて行ったものの、ゲートの外にあったレストランで日本酒をしこたま呑んで、入場せずに京都に帰ったのを覚えている。

今になってUCCコーヒー博物館（現在は休館中）を覗くと、それなりにエキスポ感（なにせ大阪万博から十一年しか経っていない）もあり、古道具屋で絵葉書などを買うたびに、ちゃんと楽しんでいればよかったなと後悔する。ファミコン用ゲームソフト「ポートピア連続殺人事件」もプレイしたことがないけど、新開地の「新劇ゴールド」をモジッた「新劇シルバー」というストリップ小屋が出てくることだけは知っている。

二〇〇三年の夏、ポートアイランドで行われたサザンオールスターズのライヴに行った。あまりの人出に帰りの混雑を恐れて、終演のかなり前に会場を離れた。神戸大橋を歩いて渡っていると、風に乗って「Ｙａ Ｙａ（あの時代を忘れない）」が途切れ途切れに聞こえた。

続・ポーアイよもやま話

――ポートアイランド・その2［ポートアイランド］

テレビのアニメを観ていたら、いきなりポートアイランドと思われる風景が出てきて、びっくりした。「地球少女アルジュナ」が放映されていたのは二〇〇一年。舞台が気になってしばらく観ていた。食物という観点から環境問題を主題としたユニークな話で、主題歌として流れていた坂本真綾の「マメシバ」という曲が好きになった。

〇八年に妻が十日間ほど市民病院に入院した。毎日の見舞いとなると、交通費も馬鹿にならない。運動不足解消を兼ねて、自転車で通った。片道約一時間なので、一日二時間、自転車に乗る日々を十日間過ごした。神戸大橋ではポートライナーとスピードを競って走った。ポートアイランドをもっとも身近に感じたのは間違いなく、この十日間だろう。この後で市民病院はさらに海側へ移転した。

「IKEA神戸」が出来たときは嬉しかった。最初は三宮から無料送迎バスが出ていたが、いつの間にかサービスは終わった。なによりも〝広い飲食店〟が好きなので、ほとんど目当てはレストランだ。ミートボールやサーモンのマリネでビールを飲みながら、殺風景な窓の外を眺めていると、辺鄙《へんぴ》な空港で時間を潰しているような気持ちになる。帰りには必ず五〇円のソフトクリームを食べる。

もっとも高い頻度で利用している施設は「ポートアイランドスポーツセンター」のプールだ。五〇メートル競泳プールは日本水泳連盟公認で水深も二メートルある。泳いでいるとキリキリと耳慣れない機械音が聞こえてきて、なんとも言えない緊張感がある。冬はスケートリンクとして利用されていて、夏季だけの営業だが、六月中旬から九月中旬までと、利用期間が微妙に長いのがありがたい。

二五メートルのプールは年中やっている。五〇メートルと比べると、水深は浅くて物足りないが、経年劣化はいい塩梅。映画『ぼくのエリ 200歳の少女』(〇八年)に出てきそう。壁の大きなふたつの通風口が、柳生弦一郎《やぎゅうげんいちろう》が描く子供の画《え》の鼻の穴みたいで間が抜けている。

ちょっと光を

――神戸の灯り

この本を書いているあいだ、もっとも多くの回数を聴いているのは、シンガー&ソングライター、町あかりのアルバム『ア、町あかり』だ。何度聴いても飽きることがなく、前向きな気持ちにさせてくれる。彼女の名に因んで、神戸の町の灯《あか》りについて考えてみた。

夜、そんなに遅くない時間に、JR三ノ宮駅のホームから浜側を見ると、なんか暗いなあ、と思うことがある。もともと、〝夜が早い〟町とはいえ、表玄関ともいえるあの場所が〝今日はもう営業停止〟と看板を下ろしているように見える。なんとも景気が悪い。

阪神・淡路大震災の当日、私が住んでいた一帯は停電になった。外に出て、近くを歩いていると阪急電車の線路の山側にある家は電気が点いている。ある家の窓から見えるシャンデリアの灯りをなんとも言えない気持ちで眺めたことを、たまに思い出す。震災から数ヶ月後、今はもう無くなってしまったハーバーランドのホテルの最上階のバーから、三宮の〝弱い〟夜景を見たときの淋しさも。

大なり小なり、このような失われた灯りを愛おしむ個々の心が、毎年十二月に行われる「神戸ルミナリエ」を支えているのだろう。

ある日のこと。平野《ひらの》で時間を過ごして、7系統の市バスに乗った。ちょうど日が落ちた時間、諏訪山あたりの薄暗い風景を通りすぎて、山本通三丁目のカーブを曲がったとき、トアロードの灯りが目に飛び込んできた。神戸の灯りって、これなんだよなあ、と胸がいっぱいになった。これだけあれば十分、とも思った。

夜になると、王子動物園の観覧車の、とてもシンプルな電飾に明かりが灯る。これがなんとも鄙《ひな》びていて、たまらない。早く家に帰らなければ、と気が急かされる。お腹も減ってくる。

もう一度、JR三ノ宮駅から見える浜側の灯りについて考える。明るければいいというもんじゃない。神戸税関あたりに「み・な・と」とか、ひとつネオンサインがあればいいのに。……侘びしすぎるか。

公園の樹の下には店が埋まっている

――湊川パークタウン［湊川］

ザ・フォーク・クルセダーズ「帰って来たヨッパライ」、ザ・ダーツ「ケメ子の歌」、ハナ肇《はじめ》とクレイジーキャッツ「アッと驚く為五郎」など、小さい頃からノヴェルティ・ソングが好きだった。ソルティー・シュガー「走れコウタロー」の曲中に出てくる競馬の実況中継はラジオで覚えて完コピーした。一九七一年三月に発売されたモップス「月光仮面」もそういう流れで好きになった。九歳のとき、自分のお金を遣って買ったはじめてのレコード。買った店は湊川公園の〝下〟、山手幹線の山側に、南北に連なる湊川パークタウンにあったレコード屋だ。数年前まで営業していたが、知らぬ間に無くなってしまった。

大人になって、わざわざパークタウンに足を向けるようになったのは、「とみちゃん」（現在は閉店）のお好み焼きが目当て。鉄板のお好み焼きをL字型のカウンターからコテで直接取って食べる店で、買い物途中に小腹を満たす主婦たちご近所さんでいつも繁盛している。モダン焼きに玉子が入った天窓焼《てんまどや》きが定番で、たまに貝焼き、きも焼きなども注文する。焼きに徹する店の人の所作や使い込まれた調度品を目で楽しむのも味のうちだ。パークタウンは二階建てで、「とみちゃん」は一階にある。もうひとつ、二階を北に突き当たったところにあるお好み焼き屋「まめだ」も賑わっている。次はこっちに、と、毎回思うのだが、つい忘れて「とみちゃん」の暖簾をくぐっている。

「パークタウン」の一階を北に進むと、そのまま「ミナイチ」（二〇一九年営業終了）の地階に出る。ここが渋い。渋い、というか、なんとも言えない。主に飲食店と、リサイクル・ショップが乱雑に店を構えている。ちょっとしたカオスがある。ホームページを見てみると、四十強の店舗のうち、七軒が「空き店舗」、十二軒が「なんでも屋」と書かれている。毎度、それほど収穫があるわけでもない。「なんでも屋」は往々にして「なんにも屋」だが、やはり、こういう場所が落ち着いてしまう。こないだ、中古ＣＤで山本精一の「赤武士」を百円で買った。

身近なる山の呼び声

――六甲山［六甲山］

そこに六甲山があるから。そんな気持ちでひとり六甲山頂まで歩いたことがある。阪急芦屋川《あしやがわ》駅から、芦屋川を横目に住宅街を抜け、高座《こうざ》の滝《たき》を経て、ロックガーデンの岩場に出る。風吹岩から雨ヶ峠までの道中、芦屋カンツリー倶楽部の敷地を横切るときには、つい、ヒエラルキー、という言葉が頭に浮んだ。蒲郡風太郎《がまごおりふうたろう》の気分だ。東《ひがし》お多《た》福山《ふくやま》で、ゆっくり休憩。そこから、山頂を目指した。

六甲山頂の少し手前にある一軒茶屋でビールを呑むこと。道中、それだけを楽しみにしていた。その頃、アサヒのスーパードライという銘柄が主流だったのだが、私は頑なにキリンのラガービールを飲み続けていた。悲しいことに、一軒茶屋には、スーパードライしか置かれていなかった。しょうがない、我慢するか、とは一瞬足りとも思わなかった。迷わず呑んだら、これが美味い。何かを悟ったような気がした。私の中で〝一軒茶屋でスーパードライ〟ということわざが生まれた瞬間だった。一度も使ったことはない。

六甲山頂から一時間少しかけて有馬温泉まで下り道を歩く。「金の湯」でみそ汁のような湯に浸かる。有馬温泉駅から神戸電鉄に乗って新開地に戻る。五、六時間ほど必死で歩いて、帰りは座って四十分。これにも、相応しいことわざを作ってみたくなる。

時間が無ければ「六甲ケーブル」で登ればいい。

週刊誌『SPA!』で関西の話題を扱うページの連載を担当していたとき、デビューしたばかりの小島麻由美さんの取材を、わざわざ六甲山頂で行ったことがあった。まだ「山上駅」には、古いゲームばかり置かれたゲーセンがあり、卓球場や、射的もあった。

山の上で酒を呑もう、とキングジョー［注11］さんを誘ったりもした。その日は五メートル先が見えなくなるほどの濃霧だった。「カンツリーハウス」でリフトに乗って、はしゃいだ。夢のような景色だった。

デイヴィッド・ホックニー的こころ

――王子プール［王子公園］

朝から雨が降っているが、雨という概念を持たない人みたいな顔をして神戸市立王子プールに行ってきた。帰りみちにiPhoneを起動したけれど、ふやけた指では指紋認証できなかった。

十年ほど前のある日の朝。レンタカーで家からそれほど遠くない場所を走っていた途中、いつもはまず通ることのない道で、とても控えめな「プール」という看板を発見した。

ああ、たしか、小学校の頃にあった公営プールだ。まだ営業してたんだ、と軽く驚いた。その年の七月にプールの営業がはじまるのを待った。そこから今日まで、夏は時間が許す限り、この神戸市立王子プールへ通うようになった。それ以外の季節も、週に一度は屋内の温水プールへ通う習慣が出来た。すっかり、泳ぐ人、だ。

まず、五〇メートルのプールが嬉しい。シーズン最初の、まだ水が冷たい時期や、雨の日、夕方四時半の閉館前など、これを独り占めする時間もある。監視員の視線が気にならなければ、そこは天国だ。まわりの木々は多く、遠くの六甲山までを借景として、緑に抱かれている。ロケーションも言うことなしだ。

入場料は三五〇円。毎年、十一枚綴《つづ》りの回数券を三五〇〇円で買って、財布に入れている。使い切れない夏は、少し切なくなる。ロッカー料金は五〇円だが、使用後返却されないので要注意。もうひとつ残念なのは、水着の脱水機が無いこと。この本が一〇〇万冊売れたら、一台、寄贈することをここに約束する。一〇〇万冊売れたら。

しっかり泳ぐ人のためのコースも設けられている。これを外れて、潜ったり、逆立ちしたり、一回転したりするのが楽しい。

鼻をつまみプールの底に背中をつけて水の中から水面に映る空を見る。XTC「マーメイド・スマイルド」のイントロが頭の中で流れる。雨の粒が水面に模様を作る。この画《え》が見たいから、雨の日もプールに行く。決して狂っているわけではない。

シネマ＝コンプレックス

——元町映画館［元町］

「元町映画館」は元町商店街の四丁目、♪お仏壇の浜屋〜が角にある交差点からアーケードを西に数十メートル歩いた浜側にある。プログラムは、シネコンで間違っても上映されない世界諸国の作品、ドキュメンタリー、低予算映画、芸術性の高そうな映画、低そうな映画……と差別無し。ミニシアターならではの混沌《カオス》がある。間口からのイメージに反して、劇場に足を踏み入れると思いがけなく広さを感じる。座席は車椅子のスペースをあわせて六十七席ある。

この文章を書いているいま、ちょうど開館から五周年を迎えた。初代の支配人を務めた藤島順二さんとは、小学校一年生から付き合いがあり、開館の数年前から映画館誕生のプランを聞かされていたが、こんな夢のような話が実現するとは正直思っていなかった。開館時は自分のことのように興奮した。

　不義理な話、五年の間、元町映画館でそれほどの本数を観てはいない。そんな中、『籠の中の乙女』（二〇一二年、厳格な両親に外世界と隔離して育てられた姉妹の奇妙なギリシャ映画）や『CUT』（一一年、西島秀俊扮するシネフィルが借金返済の為に〝殴られ屋〟になり、殴られながら好きな映画の題名を諳《そら》んじる！）や『レイキャヴィク・ホエール・ウォッチング・マサカー』（〇九年、何も覚えていないが、裕木奈江が出ていた）などの珍品は、この劇場が無ければ縁がなかっただろう。

　キングジョーさん［注11］とのコンビで『ドクター・フィールグッド―オイル・シティ・コンフィデンシャル―』（一一年）や『実演！　淫力魔人　イギー＆ザ・ストゥージズ』（一二年）など、上映後のスクリーンの前でトークショーも行った。出番まで、西元町にあるスピークイージーというバーでマスターのビザールな話を肴に呑むのも楽しかった。

　林未来さんが二代目支配人として活躍する現在も多種多彩な映画が番組表を埋め尽くしている。アレクセイ・ゲルマン監督の『神々のたそがれ』をここで観ることが出来てホッとした。

本当の名前で出ています

――トンカ書店［トアウエスト］

（元町通三丁目にて花森書林として営業［注12］）

「トンカ書店」については、店が出来るより先に店主を知っていた。一時、彼女は「ちんき堂」で店番をしていた。ずいぶん失礼な言い方ではあるが、世の中には奇特な人もいるんだなあ、と感心した。しばらくして、トアウエストに新しく古本屋が出来た。

しばらくの間、トンカ書店という名前を、ちんき堂のモジリだと思っていた。店主の苗字が「頓花（トンカ）」さんだと知って驚いた。

『SANPO 下町通信』というミニコミ誌がある。阪神間の下町の風景、そこに住む人たちを撮り続けるカメラマン、永田收さん［注13］のモノクロ写真が魅力のこの雑誌と出会ったのは、西宮北口の市場の中にあった「自由なアジア」という店だった。トンカ書店で、ひさびさにこの雑誌と出会えた。バックナンバーも常備している。永田収さんの写真展も開かれた。私にとって、トンカ書店とはSANPOを扱っている店、という印象が大きい。なによりも頓花さんの考えがわかりやすく表れているように思える。思想といえば堅すぎるけれど、趣味と片付けるのはちょっと勿体無いような。

古本だけでなく雑貨も扱う。珈琲も旨い。若い女性から年配まで客層は幅広い。「ザックバランな古本屋」の看板に偽りはない。

つい先ごろツイッターで、トンカ書店のカウンターの上に新刊本が文字通り、山積みで売られている写真を見た。本は元・海文堂書店員の平野義昌さんの『海の本屋のはなし』（苦楽堂）。この本が〝売られるべき〟海文堂無きあと、ここで売らなきゃどこが売る、という心の声を聞いた気がした。それ以上に、ヤケクソとしか思えない陳列に頓花さんの意地とユーモアを見た。店に顔を出して「これを〝見に〟きました」と軽口叩けるのも、この店のいいところだ。

開店してちょうど十年。奇特な女子大生は、今や堂々たる神戸の本屋の主だ。誰かの仕事に対して天職なんて言葉を使うのは不《ふ》遜《そん》だが、さすがにこれは天職だ。そのうえ家族も増えた。逞しい。

ヘブンイズアプレイスライク

――旧グッゲンハイム邸［塩屋］

山陽電車の滝の茶屋駅あたりで半年ほど暮らしていたことがあって、板宿《いたやど》の中学校に通うときは毎日、塩屋駅を通った。大人になって、これだけ何度も塩屋駅（今はほとんどJRを利用して）で降りることになるとは想像していなかった。

駅から「旧グッゲンハイム邸」へは、高架下の山側を東に歩いて、最初のトンネルをくぐり、道なりに進んで、山陽電車の小さな踏切を越えて……というのが最短ルート。私はもっぱら「ワンダカレー」に寄って、山側の住宅地に迷い込んで、なんとなく辿り着くというコースを選んでいる。冬の日暮れ時、ほの暗い通りを歩くのが好きだ。

森本アリさんとご家族の尽力によって、築百年を越える旧グッゲンハイム邸は、理想的なかたちで維持され、ライヴのみならず、結婚パーティー、各種の教室など、日々、多くの人たちに活用されている。映画のロケ地としても使用され、『繕《つくろ》い裁《た》つ人』（二〇一五年）の結婚式のシーンでは、森本さんも神父役に抜擢《ばってき》され出演している。二〇一一年にカーネーションの直枝政広さんのソロ・ライヴの際、打ち上げに参加したついでに、無理を言ってこの洋館で宿泊させていただいた。神戸の人間にとって、なかなか泊まる機会はないと思い、お願いした。翌朝は窓いっぱいの太陽と山陽電車に起こされた。

私はというと、変化球のような催し物にばかり出ている。細馬《ほそま》宏通《ひろみち》さんと森進一の「襟裳岬《えりもみさき》」についてだけ語ったり、「プロ野球音の球宴」のゲストだったり、編集者の和久田《わくだ》善彦《よしひこ》さんとの「サントラ盤には入らない、映画の中の音楽」という講座だったり……。もしもピアノが弾けたなら、来世は朝までふざけたい。ワンマンショーで。

先日、森本さんから、百年前の居住者について新しい情報を得た、というお話を直接うかがった。まとめると一冊の本になる素晴らしい話ではあったが、いかんせん私は酔っていた。こんな天国みたいな場所が神戸にあることに照れてしまって、いつも酔っ払っている。

マスター志願

――神戸の喫茶店

神戸の喫茶店でもっとも多く利用したのは、元町の「エビアンコーヒー」だろう。絶えず賑やかで、それが落ち着く。典型的な〝街の店〟だ。珈琲が一杯三三〇円。読んでいる本のキリがつかなくて、ネバってお代わりをしても、たかが知れている。毎回、壁にかけられた蟹の油絵を見ながら、「海老あん、なのに」と考える。駄洒落ついでに、エビアンはスタバより香ばし、だ。

もうひとつ元町ではエビアンからほど近い商店街の二階に「トリプルジョア」という喫茶店があった。残念ながら閉業してしまったが、とにかく広い店が好きな私のお気に入りだった。店に置いてある『Number』など普段買わない雑誌を読む時間が好きだった。

もうひとつ無くなった店だが、元町通四丁目の「茶房ウイーン」にもよく行った。

ここは逆に瀟洒《しょうしゃ》な内装が好きだった。こういう、使い勝手が良さげな店で珈琲を飲んでいると、〝居抜き〞で店を引き継いだ自分がカウンターの中に立っている、という妄想に耽《ふけ》ってしまう。小沼丹《おぬまたん》の小説『白孔雀のいるホテル』じゃないけれど、この手の妄想は五十歳を越えても止むことはない。

場所は少し飛ぶが、高速長田駅界隈で偶然見つけた「ぱるふぁあん」でも同じ妄想を愉しんだ。エントランスは丸く、店の白い天井と壁は半円を描き、ロールケーキのような形をしている。球体の二つの大きなランプシェイドがぶら下がり、店の中央を占める大きな木製のカウンターは中央部分が丸くくり抜かれていて、そこに店主が立つ。エキスポ世代ならいちいち見惚れてしまうデザインだ。

中央区の八雲通《やくもどおり》五丁目、大安亭市場の近くにある「ニューセブン」(現在は閉店) は典型的な大衆喫茶。メニューにうどんもある。老朽化も目立つが、ここの内装もたまらない。古い船室を思わせる木目の壁に貼られたメニューは、昆布茶、みつ豆片栗、ひき茶片栗、オレンジ片栗……。この喫茶遺産を〝居抜き〞で受け継ぐには、まだまだ修業が必要だ。

白いレガッタ

——神戸レガッタ&アスレチッククラブ【磯上公園】

二〇一三年、北野坂に出来たダルビッシュ有《ゆう》投手の記念館「スペース11ダルビッシュミュージアム」。なんでも、彼の父、イラン人のファルサさんが三十年ほど前に来日した際、サッカーをやるべく、大阪府羽曳野《はびきの》市から神戸のレガッタ&アスレチッククラブに通っていたそうで、同クラブの理事も務めたことがあるそう。

「神戸レガッタ&アスレチッククラブ」（KR&AC）は中央区磯上《いそがみ》公園内にあるスポーツクラブ。クラブは一八七〇年（明治三年）に発足。百五十年近い歴史を持ち、我が国における近代スポーツ発祥とされる。元は旧居留地内（現在の東《ひがし》遊園地）にあった体育館で、ここは空襲で消失。同じ場所に再建されるが、一九六二年、現在の磯上公園に移設された。築五十年を越える現在の建物には、非会員でもレストランのランチ営業で入ることが出来る（現在レストランはカフェとして営業）。

十数年前、ここで行われるクリスマス、バレンタイン、ハロウィーンのパーティに何度か通った。白人のDJが選曲するダンス・パーティが、なんとも緩くて楽しかった。「マイ・シャローナ」や「テイク・オン・ミー」で異常に盛り上がった。ザ・ジャクソンズ「今夜はブギーナイト」の〝サンシャイン、ムーンライト……〟のとこでは、フリ付きで踊った。中でも圧巻だったのが、映画「グリース」のメドレー。これがかかるとフロアに体格のいい白人男たちが集合し、床に一列に座って奇妙なポーズで踊りだす。ああ、〝レガッタ（ボート競技）〟か、と気づくまで、しばらく時間がかかった。

KR&ACで行われるパーティを知ったのは、かつてトアロードにあったレコード屋「サーティースリー」に貼られたチラシで。ここはユニークだった。二八〇〇円の値札がつけられたシングル盤を見ていると、店主の山口さんがレジカウンターから「八〇〇円でいいですよ」と声をかけてくる。じゃあ、買うか、とレジに持っていくと、「一〇〇円でいいですわ」とまけてくれた。とてもユニークな店だった。

海水浴という名の欲望

――須磨海水浴場［須磨］

ビーチボーイズに「スマハマ」という曲がある。ちょうど、この曲が入ったアルバム『L. A.（ライト・アルバム）』が発表された一九七九年にバンドが来日したこともあり、エキゾチックな響きを持つこの曲の名前が意味するところにはいくつかの説が生まれた。

作者、マイク・ラブがかつて好きだった女性が、五歳まで神戸の須磨に住んでいて、彼女から聞いた美しい情景を歌にしたもの。そんな〝正しい〟答えを「探偵！　ナイトスクープ」が教えてくれた。

年に少なくとも一度は須磨海水浴場に泳ぎに行く。一年のほとんどをプールで泳いでいると、海水の浮力にびっくりする。泳ぐことより、沈まないことが楽しくて、ビル・エヴァンスとジム・ホールの『アンダーカレント』のジャケのポーズで、ただただ浮いている。

刺青、喫煙、花火、水上オートバイ、バーベキュー……と年々、禁止事項が増えている。まあ理解は出来るが、息苦しくもある。荷物を海の家に預けている時点で、ここは一種のプール、と割りきっている。使用料は千円と安くないが、シャワーにはシャンプー、コンディショナー、ボディソープも常備されているので、プールよりも快適だ。湘南乃風《しょうなんのかぜ》を爆音で流していた店が、翌年にはBGMをラヴァーズ・ロックに変えていた。きっと何かがあったのだろう。

一度やってみたい、と考えていることがある。Tシャツに海パン、サンダルというスタイルで、朝五時台のJRの始発に乗ると、六時前に須磨駅に着く。Tシャツとサンダルを砂浜に置いて、一時間ほど泳ぐ。水道で簡単に身体を洗って、ある程度乾いたらTシャツ、サンダルを履いて帰路へ。濡れた海パンも椅子に座らなければ問題ないだろう。これだと海の家を使わずに済む。金の節約だけじゃない。海がある町に住んでいるという実感を味わえるはずだ。ただ、帰りの電車賃を無くすと三時間かけて歩いて帰らなくてはならない。あるいは、泳いで……。そんなことばかり考えながら、浮いている。

誰の墓やねんロックンロールショー
――五色塚古墳［垂水区］

五色塚古墳《ごしきづかこふん》は垂水区《たるみ》にある、兵庫県で最大の前方後円墳である。四～五世紀に建てられ、全長一九四メートル、「後円」の高さは一八メートルという大きさで、戦後、整備事業で復原されたものだ。

小学校の遠足で一度は行った覚えがある。山陽電車や、車で2号線の近くを通るたびに、近いうちに行かなければと思い続けていた。

バイトが休みの日の昼下がり、ひとりでJRに乗って垂水駅に向かった。ちょうど甲子園球場で東海大相模と仙台育英が優勝を争っていた日で、日中でも気温は三〇度に届かず、過ごしやすかった。垂水駅を山側に降りて西へと向かう。イヤフォンで高校野球を聞きながら、急な坂道を登り、小高い住宅地を歩く。スマートフォンの地図を頼りに古墳を探していると、地図のコピーを片手に同じように道を探している年配の男性を見つけた。

その男性の一〇〇メートル後を付けるようなかたちで歩いていると、住宅地の中に古墳はいきなり現れた。いきなりすぎて、缶ビールを買って墓の上で呑もうというあても外れた。受付のある建物に立ち寄る。入場は無料だが、来訪者の居住地だけ書かされる。正直に「神戸」と書いた途端、これではロマンが無いなあ、と後悔した。

「五色塚古墳」は確かに大きかった。正面に淡路島が見える。そして何も無かった。観光バスよりUFOが似合う駐車場のようなスペースに五分ほど佇んでいると、イヤフォンの中で高校野球は終わった。

古墳について書かれた看板を見て唖然《あぜん》とした。記憶を頼りに書くと「これだけ大きな墓を建てたのだから、そうとうな権力を持った豪族が葬られていると思われる」とあった。なんと、これだけの古墳を作りながら名前を残していないのだ。これほど阿呆らしい話があるだろうか。BGMを高校野球から、クレイジーケンバンドのアルバム『もうすっかりあれなんだよね』に変えて、ビールが呑める場所を探した。

いのししといたち

――いのししといたち

神戸の市街地にいのししが現れるようになったのはいつ頃からのことだろう。少なくとも子供の頃、そんな話はほとんど聞いた覚えがない。今は町の掲示板に「いのし し出没注意」や「エサやり禁止」などの文字が踊っている。六甲山に生息するニホンイノシシが主食としてきたどんぐりなどが不足してきたことから、住宅地に餌を求めて、顔を出すようになった。生ごみを漁り散らかすのも問題だが、春の繁殖期は人への警戒心が強くなって住民が襲われることもあり、なかなか問題は深刻になっている。最初に夜道で彼ら(オトナとウリ坊三匹)に遭遇したときは、ぎょっとしたが、慣れるとそれなりに可愛いものだ。アスファルトを土と勘違いしているのか、ガリガリと硬い地面に歯を立てる音はなんとも悲しいものがある。

岡本を流れる天井川には頻繁に姿を現す。川底までが深く人と距離があるため、のびのびしている。三匹が餃子のように並んで寝ている姿を写真に撮った。これを数年前、遠藤賢司さんに送ると、気に入られた。今も顔を見るなり「イノちゃん、元気？」と言われる。

アルバイトの配達中、六甲山中で車に轢《ひ》かれたいのししの死体を見た。車で通り過ぎたあとに、脳内で亡骸のイメージが「マッチ棒で作るいのしし」に変換されて、不謹慎ながら笑ってしまった。

いのししほどではないが、夜の町を走る**いたち**も何度か見た。古い民家から、別の古い民家の路地に向かって、かなりのスピードで走るのだが、フォルムがフォルムなだけに、猫と見間違うことがない。私が見た限り、いたちは必ず、東から西へ向かって走っている。なにか地球の自転と関係があるのではないかという説を、何度も妻に説いているが、まったく聞いてはくれない。この本を立ち読みしている人が、偶然このページを開いていきなり、この話を読んだとしたら、妻と同じ表情を浮かべているはずだ。ほかのページはもう少しちゃんとしているので、是非、そっちも読んでください。

アムステルダム並みに朝は早い

――十善寺もみじ茶屋［灘区］（二〇一九年閉店）

ずいぶん前のことだが、再度山に登る途中、「燈籠茶屋《とうろうちゃや》」（現在は閉店）で昼時に、おにぎりとだし巻き卵と味噌汁の昼食を食べながら、メニューを見るとビールが置いてあった。その日は呑まなかったが、山に登って酒を呑む、しかも朝早くから、という選択肢が人生に加わった。

ある日、中澤純一さん（一四六頁）から、ラジオのディレクターとは別に、茶屋の営業をはじめる、という話を聞いた。場所は灘区にある一王山十善寺《いちのうさんじゅうぜんじ》。阪急六甲駅から北東の方向に歩いて十数分の高羽《たかは》交差点からさらに十分弱歩いた場所にある。地図を見ると、神戸大学国際文化学部の裏手にあり、まだ住宅地と呼べる場所だが、参道の坂道を進んでいくと、緑に覆われた境内に行き当たり、ちょっとした登山の気分になる。ここで長らく休業していた「もみじ茶屋」の営業を、中澤さんがカフェとして再開したのだ。

毎朝、この境内で体操が行われる。張り切って五時に起きて、これに参加してみた。寺に着くまでが十分な運動になる。

広い境内を早起きびとたちが埋め尽くす。もちろん老人が多いが、子連れの若い母親の姿も見える。六時きっかりに、体操がはじまる。まずはラジオ体操第一がBGM無しで指導員の号令で行われる。続いて神戸体操。花輪《はなわ》和一《かずいち》『刑務所の中』でもお馴染みの〝天突き体操〟が入ったラジオ体操の発展形のようなもので、よりハードだ。これが終わると、舟漕ぎのポーズと共に味わい深いオリジナル・ソング（メロディは東大ボート部の部歌）が歌われる。これが六時と七時の二セット行われる。この一王山登山会による朝の体操は八十年近い歴史を持つ。境内に建つ一王山登山会の会館が実に渋い建物で、ここでも多彩な趣味の同好会がある。会館から聞こえる詩吟と、「もみじ茶屋」のBGMのサルサが心地よいカオスを生んでいる。

「もみじ茶屋」では落語会も、もちろん早朝から行われている。近いうちに覗いてみよう。朝から茶屋で呑むことになりそうだ。

中村とう&よう

——神戸のことば

神戸独自の方言としてよく知られるのは語尾に〝よう〟や〝とう〟をつけるものだ。たとえば、「あいつは車を買おうとしている」を神戸弁にすると、「あいつ、車、買いよう」、「あいつは車を持っている」が「あいつ、車、持っとう」、となる。つまり、〝よう〟は、現在進行形の動詞のあとに、〝とう〟は、すでに完了している動詞のあとに、それぞれ接続して用いられる。「雨が降りよう」は、まだ降っていない状態から、降りはじめまで、「雨が降っとう」は、すでに降っている状態を指す。

京都でひとり暮らしをはじめた十八歳のころ、まだ、この〝よう〟や〝とう〟が残っていて、少しからかわれた。数ヶ月もしないうちに、京都の〝……してはる〟という言葉を使いはじめていた。使いすぎて、〝この店、開いてはる〟などと人間以外にも乱用した。

NHK『ドキュメント72時間』で、和田岬の駄菓子屋、「淡路屋」を三日間、定点観測の舞台とした素晴らしい回があったが、これがまさに、年齢、性別を越えた〝よう〟や〝とう〟の宝庫だった。

この〝よう〟や〝とう〟。少しだけ語尾を上げて、疑問形にする。たとえば、「今日の阪神の先発、知っとう?」（やや語尾上げ）。その答えは「知っとう」（平坦）。この微妙なアクセントの差を使いわけたり、聞きわけられたら、立派な神戸人だ。

成人してから使わなくなった言葉に、〝ダボ〟がある。厳密には播州弁だが、この〝あほ〟にターボをかけたような蔑称を子供のころはよく使った。〝ダボ〟の最上級が〝ズダボ〟と聞いたのは大人になってからだが、そこまで人を蔑《さげ》すむ状況があるのか、と、ある種の感動を覚えた。なにせ、三文字、すべてのカナに濁点がついているのだ。

英国のバンド、マンフレッド・マンの一員、マイク・ダボの名を口にするたび、少しダムドやフガジより極悪そうで、響くものがある。

し心が痛む。正直、口にしたことはないのだが。

きしめん

明石屋

P136「湊山温泉前のきしめん屋」2010年
「きしめん」としか書かれていない看板。特に「き」と「し」の字のクセが強い。

P137上「須磨海岸」1975年（昭和50年）
右上に写ったふたりの足。その視線が看板で顔が隠れた女性に注がれている。たぶん。

P137右下「神戸ポートタワー」2013年
こうして切り取られた風景の中でこそ「タワー」はイロケを増す。どんなタワーも。

P137左下「王子動物園」2014年
王子プールの観覧席の最上段に登って、背伸びして塀から顔を出すと、この風景が見える。

第三章　神戸を読む、観る、聴く、買う

僕の話を聞け
――映画『風の歌を聴け』

一九八一年のATG映画『風の歌を聴け』はロードショウで観た。村上春樹の原作も、監督の大森一樹の前作『ヒポクラテスたち』（八〇年）も大好きだったので、公開を心待ちにしていた。原作とはかなり違った味があったが、心揺さぶられるものがあった。その頃、すでに京都に引っ越していて、まわりにこの映画について語る友人もいなかった為、映画についての思いを文字通り、胸の奥に仕舞いこんだ。

映画の中の時間が〝追憶〟として描かれていることに、主人公と同じように神戸を離れて暮らしている自分を重ねて〝酔える〟部分があった。なにより、見慣れた神戸の町が当たり前のようにロケーションで使われていることが嬉しく、特に、ビーチ・ボーイズの「カリフォルニア・ガールズ」が流れる中、小林薫が港の近くを歩きまわったり、真行寺君枝《しんぎょうじきみえ》が元町商店街のレコード屋でバイトしていたり……と音楽がらみのシーンが印象的に残った。糸川燿史《いとかわようし》によるスチール写真を集めた写真集「ジェイズ・バーのメモワール」も、眺めているだけでぐっと切ない気持ちになる。

村上春樹の原作を借りて、大森一樹（村上の芦屋・精道《せいどう》中学校の後輩である）が神戸（と芦屋、西宮）への思い入れを詰め込めるだけ詰め込んだ映画とも言える。原作から逸脱していくのは当然のこと。そのエレメントのひとつが、七六年五月十五日に実際に起こった神戸まつりの暴動のエピソードだ。

私の父母が離婚して、加納町二丁目のマンションで母と二人暮らししていた、中二のころ。暴走族を中心として起こった、この暴動を自転車の二人乗りで母親と見に行った。機動隊に追いかけられて、自転車を忘れて走って家に逃げて帰った。訳もわからないまま逃げた。走りながら、馬鹿馬鹿しくて大笑いした。被害者も出て、後味の悪い事件になったが、映画でエピソードが出てくると、懐かしいというか、恥ずかしいというか、申し訳ない気持ちになる。

海の見える放送局

——ラジオ関西・その1【須磨】

豊中《とよなか》出身の姉妹（十三歳と十一歳）フォーク・デュオ、チューインガムが一九七二年に吹き込んだ「海の見える放送局」は今もなおラジオ関西のジングルとして使用されている。ハワイアンのアレンジにカレッジ・フォーク風のハーモニーを乗せた、爽やかとしかいいようのないこの曲が昔から好きで、アルバム（『風と落葉と旅びと』）もアナログで持っている。ジャケもいいんだよね、これ。

この曲を聴くたびに頭に浮かぶのは、震災前まで須磨の国道2号線沿いに建っていたラジオ関西の旧社屋だ。ハーバーランドに移設されてからも〝海の見える放送局〟の看板に偽りはないけれど、須磨のラジオ関西のイメージはなかなか消し難い。鈴木則文の映画『女番長ブルース　牝蜂《めすばち》の逆襲』（七一年）に確かこの旧社屋付近の風景がロケで使われているはずだ。もし使われていなくても、オートバイ・ファックという奇跡のような場面に遭遇出来るので、お薦め。

「歌声は風にのって」は放送開始から半世紀を越える長寿番組。現在のテーマ曲になって久しいが、思い出すのはパーシー・フェイス楽団「ピチカート・ポルカ」。これもアメリカ盤の復刻CDで収録アルバムを買った。再生すると神姫《しんき》バス［注14］に乗りたくなる。

ラジオ関西でしか聴けなかったCM曲で忘れられないのが灘の生一本、泉酒造の「泉正宗《いずみまさむね》マンボ」。おそらく名前から起用されたであろう、雪村いづみが歌っている。チャチャチャのリズムで、「黒田節」のメロディを引用したキャッチーな曲で、幸運なことに動画サイトにもアップロードされている。数コーラスもあるヴァージョンなので、なんらかの形で音盤化されていたものかもしれない。欲しい。

気になるCMの決定版といえば、姫路ぼうしゃ薬局。ひと通りCMナレーションがあったあと、一拍置いて謎の「いのしし！」の一声が入る。姫路の町を歩いていて、ぼうしゃ薬局に出くわしたら、確実に「いのしし」の謎が解ける、という仕組みがなんとも粋だ。

海の見えない録音室

――ラジオ関西・その2「ポップス渦巻島」［須磨］

一九八七年、私は京都に住んでいて、レコード屋のバイトのかたわら、タマス&ポチスというバンドをやっていた。ある夜のライヴの後に、銀閣寺道にあったライヴ・ハウスでフリーのラジオ・ディレクターの女性に声をかけられた。バンドのスカウトかと思いきや、ラジオ番組のDJをやらないか、とのこと。しばしば演奏時間より長くなるステージでの私のMCを買われてのことだった。思えば、バンドと私個人の将来を象徴するような、なんとも、皮肉な話だ。

放送局はラジオ関西。「つかしんミュージックウェイヴ」。八五年に阪急塚口《つかぐち》に出来たばかりの西武グループ系の大型商業施設がスポンサーの深夜一時間番組で、火曜日の担当だった。

番組のタイトルを「ポップス渦巻島」とした。タイトルは石井輝男監督の低予算映画『女体渦巻島』（六〇年）からいただいた。「うずまきじま」と呼んでいたのだが、後でネットの時代になり「うずまきとう」と読むことを知ったときはさすがに冷や汗が出た。

ほかの曜日には中村とうよう、阿木譲《あぎゆずる》という癖の強い評論家たちが担当した。影響を受けた二人と名前を連ねる図々しさも当然、意識はしたが、それよりも冗談事という気持ちが強かった。当初、数回で終わると思っていたが、一年半ほど続く。オープニング曲にシャッグスの「イエスタディ・ワンス・モア」を使用。毎回、「おばけ」、「自画自賛」、「変身願望」など抽象的な選曲テーマから、「ディスコ歌謡」、「GS」、「エキゾ」という特集も行った。基本的にやってることは数十年経った今も変わらない。録音したテープを聴くと、やたら早口で今よりも声が高い。どう転んでもモテない声だ。

ラジオ関西がまだ須磨にある時代だった。番組は京都のスタジオで、毎週、録音した。毎回、気の効いたリクエストをくれた高校生の安本さんは、後に三宮でPITSという輸入レコード店を開く。

ぎりぎり「昭和のディスクジョッキー」を経験したのだった。

ナウ、オンエア

――ラジオ関西・その3「夜のピンチヒッター」[ハーバーランド]

神戸在住のエンソル歌手、フレディー(一七〇頁)がかつてホームグラウンドとしてライヴ活動していたJR尼崎駅前の「あま湯」(現在は閉館)で中澤純一さんと知り合った。中澤さんはラジオのディレクターで、神戸でデスカルガという番組制作を主とした会社も経営している。お互い「あま湯」の室内着を着ていて、緩みきった出逢いだった。

二〇一一年三月の終わりに、ラジオ関西で生放送の番組のDJをやりませんか、と声をかけてもらう。読売ジャイアンツのナイター中継が予定されていない日が年間にいくつかあって、そのうちの火曜の夜に、というお話だった。そこで、野球にも因んでピンチヒッターというキーワードを提案したら、中澤さんから「ザ・フーですね」と反応がある。番組名は「夜のピンチヒッター」になり、テーマ曲にはザ・フー「恋のピンチヒッター」という流れがすぐに決定した。

それから放送開始まで二週間も無く、四月五日火曜の夜七時から第一回の生放送がはじまった。東北の震災の直後で、まだ重苦しい空気が漂っている中、ＭＣでは一切それに触れることはしなかった。ただ好きな曲をかけ続ける、という行為に徹した。一曲目に堺正章の「ベイビー、勇気をだして」をオンエア。二時間四十分弱の生放送はあっという間に終わった。

一四年までの四シーズン、全部で五十回の放送を行った。最初は自分の所有する音盤を中心に選曲していたが、回数を重ねるごとにラジオ関西が所有するシングル盤に頼りはじめた。一九五二年の開局から、発売された邦楽・洋楽のシングル盤の、恐らく八〜九割は所蔵されているのではないだろうか。この財産と、リスナーたちの濃厚なリクエストのおかげで、楽しい番組を続けることが出来た。私の音楽に対する愛情の〝むらっ気〟を遠慮無く発揮させてもらった。

生放送の後は必ず、中澤さんとしっかり呑んだ。いろいろと場所を変えた末、ＪＲ神戸駅の山側にある「シモーネ」に落ち着いた。

ゴローショー・マスト・ゴー・オン

――ゴローショー

一九八〇年代のはじめの頃、京都の「十字屋」というレコード屋でバイトしていたときに、カントリーとブルーグラスに詳しい同僚の清水さんから、「スーダラ節」をブルーグラスで演奏するバンドがあるねん、と教えてもらった。当時、まだ二十歳そこそこの私は、ブルーグラスを愛すべき映画『ブルース・ブラザーズ』(八〇年)の〝敵〟みたいに思っていた。そもそもカントリーとの違いさえ分かっていなかった。それにもかかわらず、そのバンドの実演を、たしか宝塚に観に行った。そう、スーダラ節に負けたのだった。

それが神戸大学ブルーグラスサークルOBの谷五郎《たにごろう》さん率いるゴローショーだった。「スーダラ・ブレイクダウン」と題された「スーダラ節」は、植木等《うえきひとし》そっくりの声で歌われ、萩原哲晶《はぎわらひろあき》のハラホロヒレハレな感覚が編曲にしっかり活かされていて、予想を越えたカッコよさだった。なにより〝正調〟コミック・バンドとしての魅力にすっかりやられてしまった。

それから数十年、ゴローショーは心の〝おもろい音楽家〟のファイルに入れっぱなしになっていた。谷五郎さんがDJを務められているラジオ番組のディレクターが「夜のピンチヒッター」（一四六頁）と同じ中澤さんだった縁で、数年前にライヴにお誘いいただいた。三波春夫、ご本人のお墨付きでもある「俵星玄蕃《たわらぼしげんば》」は圧巻の一言だった。その名に冠された〝ショー〟の由来が、宮川左近《みやがわさこん》ショーであることを遅ればせながら確信した。宮川左近の華、暁照雄《あかつきてるお》の妙技、松島一夫のエグみ。そのすべてを備えていた。好きにならずにいられない。

コミック・バンドはボケ、つっこみ（ブレイク）を演奏の中で繰り返す。その〝淀み〟が笑いを産むのだが、同時に曲が〝流れて〟いくときのカタルシスがないと、〝淀み〟も成立しない。ブルーグラスの圧倒的なスピードはその〝流れ〟の快感にとても似合っている。ゴローショーの笑いと音楽は必然の産物なのだ。

おもろいか、おもろくないか
——陳舜臣『神戸というまち』

陳舜臣《ちんしゅんしん》と書こうとして、ちん・しんしゅん、と誤ってキーボードを入力してしまった。そんな私でも陳さんが一九六五年に書かれた随筆集『神戸というまち』(至誠堂)だけは読んでいる。著者自ら〝実感的神戸論〟と語る、めっぽう面白い神戸の本だ。

「神戸の町の性格をひと口でいえば、その海洋性のあかるさにある。といってよいだろう。裏がえしていえば、陰翳《いんえい》の欠如であろうか」

「伝統の重圧がないから、新しいものを取り入れることが容易だった。刀よりピストルのほうが便利だとわかれば、誰憚《はばか》ることなく、刀をすてることができたのである。ときには、かわりにすてる刀さえ、はじめからなかったのだから、よけい都合がよかった」

ひとつひとつの言葉に深くうなずく。近代のエピソードを巧みに扱いながら、現在の神戸を語り、未来の神戸を予見する。

奇譚《きたん》と呼んでしかるべき短い話がたくさん紹介されている。

明治三十年頃、布引の茶屋に三人の美人姉妹がいた。そのひとりを愛したポルトガル海軍の士官モラエスさんの、日本を愛し、同化しようとした努力の物語はとても切なく、忘れられない。大正十年の初夏、会下山《えげやま》の麓《ふもと》に建てられた、アスベスト製造業社、小林茂政の邸で行われたという「世界旅行」の宴のエキゾチックでキッチュなこと。来客者の中には十八歳の稲垣足穂《いながきたるほ》もいた。著者は、この〝悪趣味を絵にかいたようなパーティー〟を、いかにも神戸らしい催しであった、と評す。

「開花の門である神戸の人間は、新しいものにたいして、一種の鑑定人たることを要求された。では、鑑定の基準がなにか？

――これはおもろい。

――これはおもろくない。

伝統の尺度がない以上、個人の実感にたよるほかなかった。」

陳舜臣は二〇一五年一月二十一日、老衰のため九十歳で亡くなられた。

なんともしれん

――淀川長治

淀川長治《よどがわながはる》は一九〇九年（明治四十二年）四月十日に、柳原の芸者置屋「銀水」で生まれた。親が映画館の株主だったおかげで浴びるように映画を観た。ジョン・フォードの兄のフランシス・フォードが監督したサイレント映画『名金《めいきん》』（一五年）を記憶しているという。

私が中学か高校のころ。会場も覚えていないが、神戸で行われた講演会を観に行った。スティーヴン・スピルバーグの処女作『激突』（七一年）の上映と、その前か後に淀川長治が喋《しゃべ》った。話の主題は、彼の著書名でもある『私はまだかつて嫌いな人に逢ったことがない』（PHP研究所）。この言葉は、〝好きになることがどんなに人を助けるか、私は知っている〟と続く。とてもポジティヴな、心についての話であるが、私はこれを〝私は嫌いな人間に近づかれないように生きている〟と乱暴に曲解して捉えている。意味としては正反対なのかもしれないが、こちらのほうが、淀川長治にふさわしい気がする。

淀長と神戸を結ぶ〝かたち〟がひとつ消えた。二〇一五年春、野崎町の春日野会病院の旧館が解体された。切石積みの石垣が印象的な近代建築の洋館は、もともと南蛮美術品の収集家で知られる池長孟《いけながはじめ》が一九二八年、新しい妻、淀川富子と暮らす為に建てられた「紅塵荘《こうじんそう》」だった。淀川長治の姉で、モダンガールとしてその名を知られた富子は数年で池長孟と別れる。池長の支援で生田筋に輸入骨董店「ラール・エヴァンタイユ」を開き、弟の長治もそこで働いていた。

淀川長治が『ワンダフル・コウベ 64』（神戸新聞総合出版センター）に寄稿した随筆から〝小学校時代の思い出〟を抜き書きする。

「居留地の西町の英三番館のタムスン商店で、西洋の花の種を買い、明石町のオリヴァー・エヴァンスの前を覗《のぞ》いて、レインクロフォードで西洋の絵本と犬のおもちゃを買ってから、クレセント・ビルに近い電車通りのユーハイムでビスケットを買った」

記憶の洪水にうっとりする。もちろん、あの声で読んでしまう。

ターキッシュ・バス

――映画『吹けば飛ぶよな男だが』

戸川純が歌っている「吹けば飛ぶよな男だが」は、同名映画のテーマ曲（作曲：山本直純）に自分で歌詞をつけたものだ。この曲と共に、神戸が舞台となった映画として特別な一本となった。

一九六九年に『男はつらいよ』の第一作目を撮ることになる山田洋次が監督した松竹映画『吹けば飛ぶよな男だが』（六八年）は森﨑東《もりさきあずま》との共同脚本による人情喜劇。映画は全編、小沢昭一の講釈で進められていく。先に触れた戸川純の歌詞はその口上に基づいたものだ。

物語は大阪からはじまる。JR大阪駅と阪神百貨店の間の交差点でチンピラのなべおさみと、その舎弟の佐藤蛾次郎《さとうがじろう》のコンビが昼間から不器用なナンパを繰り返す。ヤクザの芦屋小雁《あしやこがん》の命を受け、喰い物にする女を探しているのだ。その罠に、九州から出てきたばかりの緑魔子《みどりまこ》がかかる。翌日、彼女が山中でブルーフィルムの女優として小雁に犯される寸前に、なべに助けられる。仁義を欠いたなべと、蛾次郎、緑魔子の三人は神戸に逃亡する。

偶然、美人局《つつもたせ》の形で儲けた一万円で三人はケーブルカーに乗り、六甲山頂へ。カンツリーハウスでパターゴルフを楽しみ、芝生を転げまわる。調子づいた三人は自発的に美人局を実行する。三宮で映画『女体の神秘』の看板をしげしげ見つめる有島一郎が最初のカモ。意に反して、有島と意気投合したなべは、福原のトルコ風呂へ連れて行く。店の女主人がミヤコ蝶々。なべおさみと緑魔子の不細工で無垢な恋愛譚に「瞼《まぶた》の母」が交差する。

福原の風俗街のロケがありがたい。「新富」、「美丁」、「エデン」など、知るはずのない屋号にいちいち反応してしまう。店内のジュークボックスから美樹克彦《みきかつひこ》の「花はおそかった」が流れる。大丸前のメーデーの行進、神戸臨海線の線路、神戸タワー、菊水町にあったころの拘置所など映像記録としても眼福ものだ。映画は最後に神戸の港から世界へと開かれる。吹けば飛ぶよな希望の匂いがする。

秘密のハイウェイ ――ウルトラセブン「ウルトラ警備隊西へ」

〝東洋一のマンモス港、神戸はいま、侵略の嵐を前に深い眠りから目覚めようとしていた。〟……「ウルトラセブン」のエピソード「ウルトラ警備隊西へ」(一九六八年一月七日と十四日の二回にわたり、前・後編を放映)は、こんなナレーションではじまる。自分の住んでいる町が、毎週楽しみにしているテレビドラマの舞台になる。神戸の五歳の子供は喜んだ。関西で言えば、同世代の大阪の子には「ウルトラマン」の「怪獣殿下」が、京都の子供には「怪奇大作戦」の「京都買います」がそれぞれ誇らしかったことだろう。

関西地方で地球防衛科学班の要人たちが次々と暗殺される。危機が予測される六甲山での防衛会議を警備する為にウルトラ警備隊の乗ったポインター号は「シークレットハイウェイ・ルート9」を西へ向かう。この「シークレット……」には六七年に開通したばかりの六甲山トンネルをロケ使用している。ポインターは新六甲大橋を渡り、表六甲ドライヴウェイを登っていくのだが、大胆に対向車線を走行するので、今、観直すとハラハラする。

スタジオ・セットによる、ウルトラセブンとキングジョーの対決。後に、島本和彦の漫画『アオイホノオ』の中で庵野ヒデアキが銭湯でスーツ・アクションを再現して見せた名場面だ。背景にそびえ立つポートタワーもこの時点では完成からまだ五年も経ってはいなかった。

キングジョーのネーミングは同番組の脚本家、金城哲夫《きんじょうてつお》の苗字に因んだものと言われているが、劇中では、単にロボットと呼ばれている。私の友人、キングジョーさん［注11］は香川県の出身で、かつて「テレビのバラエティ番組でうどんが粗末に扱われているのを見ると腹が立つ」と言っていたが、私も「セブン」で、キングジョーが神戸港の船をポイポイと投げ散らかすのを見るとなんとも悲しくなる。セットでは再現されていないが、あの頃の神戸港にはまだ多数の艀《はしけ》が浮かんでいた。

男の歩幅

――映画『赤い波止場』

全編、神戸ロケを謳った一九五八年の日活アクション映画『赤い波止場』。監督、舛田《ますだ》利雄《としお》は神戸出身。主演の石原裕次郎も神戸（須磨区）で生まれている。脚本を手がけた（池田一朗と共同で）

上下白のスーツに、サングラス、咥《くわ》え煙草というファッションで、神戸港の倉庫街を闊歩《かっぽ》する裕次郎。タイトル・クレジットの間、鏑木創《かぶらぎはじめ》のテーマ曲に乗って、延々と足の長さを誇示する。『嵐を呼ぶ男』（五七年）、『錆びたナイフ』、『風速40米《メートル》』（ともに五八年）と主演作が連続ヒットした真っ只中、いかに裕次郎に人気（需要）があったかが、ここだけでびんびんに伝わってくる。

〝自分でもどうしようもないんですよ。セックスアピールってんですかね〟。裕次郎にはこんなセリフも用意されている。勢いとは恐ろしいものだ。モテまくるアウトローを印象づけているからこそ、北原三枝に一目惚れするシーンの効果は増すわけだ。

左利きの拳銃使いの裕次郎を追いかける野呂刑事役に大坂志郎。映画の予告編では〝神戸在住のN刑事の手記に基づく〟という惹句が出るが、確かに大坂志郎は終始、豆菓子を食いながら画面に現れる狂言回しである。杉浦幸雄のキャラみたいな轟夕起子《とどろきゆきこ》も味がある。

港まつりで龍が舞う南京町は残念ながらセット撮影。バクチクの音が映画全体で意識的に使用されている。国鉄三ノ宮駅前のロケ撮影では背後に新聞会館（現・ミント神戸）が見える。「前進座　秋の公演」や「回転木馬」という看板の文字が読める。国際会館の地階からの階段の看板にも『風速40米』、『酔いどれ幽霊』、『真昼の惨劇』、『自殺を売った男』と、当時公開中の邦画のタイトルが踊る。こういうことばかり気にしつつ、しっかり映画は楽しんでいる。

石原裕次郎が小さなボートを操縦して、沖に浮かぶ大型の貨物船に弁当を運ぶシーンが印象に残った。まるでジョン・ウェインが馬に乗るのを見ているような、〝あたりまえ〟の男の風景に痺れる。

涙の回数券

――映画『紅の流れ星』

『赤い波止場』（一九五八年）からほぼ十年後、今度は淡路島出身の渡哲也を主演に舛田利雄が再び神戸を舞台に、同映画をリメイクしたのが『紅の流れ星』（六七年）だ。フランス映画『望郷』（三七年）を下敷きにした『赤い波止場』に、『紅の流れ星』では、ジャン＝リュック・ゴダールの『勝手にしやがれ』（六〇年）をアダプトした。日本のヌーベルバーグといえば、大島渚や篠田正浩ではなく、この映画だ、とうそぶいてみたくなる。

空港で真っ赤なジャガーを盗んで首都高速を飛ばす渡哲也。彼が吹く口笛の旋律が、そのまま鏑木創によるボサノバの主題曲に受け継がれていく。口笛吹きつつハンドル片手に、並走する車に乗った暴力団の親分を射殺。ひと仕事終えた渡哲也は神戸に高飛びする。

逃亡先の神戸で渡は地元の組の用心棒で日々を凌いでいる。舎弟の杉良太郎に慕われ、刑事の藤竜也に目をつけられている。渡に惚れる松尾嘉代に対する「嫌いじゃない、飽きたんだ。女と抱き合うってことがさあ。飽きたんだよ」というセリフは、そのまま刺激のない日常、そして神戸の町へと向けられたものだ。

退屈な神戸に、失踪した婚約者を探して浅丘ルリ子が現れる。渡哲也は生気を取り戻す。二人が東遊園地や県庁前を歩く間、絶え間なく続く渡のくどき文句と、彼がハミングする「いとしのマックス」が記憶にこびりつく。和製ジャン＝ポール・ベルモンドはどこかいびつでぎこちない。観るたびに、そこに感じる魅力が強くなる。渡が常時かぶっているハットのリボンには、〝いつか帰る場所〟＝東京を象徴する首都高速の回数券が挟まれている。秋になって使い切れずに余ってしまった王子プールの回数券を眺めて、夏への未練に浸る私にとっては、なんとも巧い演出である。

町の看板に「三悪（パイラー、売春、暴力）追放」の文字が見える。パイラーは客引きを意味する。間違いなく、死語のひとつだ。

俺たちの族

――映画『暴力戦士』

何故かは知らねど、この本には石井輝男の名前がよく出てくる。ついでと言ってはなんだが、もう一度、登場していただこう。

石井輝男と神戸といえば、まず浮かぶのが一九六〇年の『黄線地帯 イエローライン』。神戸を舞台とした和製フィルム・ノワールだが、残念なことに横浜でロケ撮影が行われている。反対に、近年は神戸フィルムオフィスの尽力で、ロケの誘致が活発なため、〝代わりに神戸で〟撮影された映画も少なくない。

もう一本。石井輝男は神戸を舞台(の一部)とした映画を撮っている。七九年に公開された『暴力戦士』は、実際に神戸でもしっかりロケされている。「不良性感度」という魅惑の造語で知られる東映・岡田茂社長が、当時、アメリカで日本公開前の『ウォリアーズ』(七九年、ウォルター・ヒル監督)を観て感激、日本を舞台とした翻案のようなものを石井輝男に指示した。〝無茶ぶり〟の産物がこれだ。

六甲山で行われたロック・フェスティバル（デビュー間もないARBが登場する）の会場で東京から来た不良グループ〝ストリート・ファイターズ〟と神戸の暴走族〝ドーベルマン・キッド〟の抗争が起こる。ストリート……のリーダーに、まだケーナを吹く前の田中健、ドーベルマン……のリーダーの妹に岡田奈々がそれぞれ扮している。警官が乱入し、田中と岡田がひとつの手錠で繋がれるが、ふたりは現場から逃走。最初はいがみ合うふたりが逃避行を続けるうちに……という物語。ふたりの前を、ボディーペインティングの女たち、口裂け女、『ウォリアーズ』ばりにバットを武器とする球殺団など、さまざまな浮世離れした〝族〟が続々と立ちはだかる。

映画がはじまって間もなくエクストリームな映像が繰り広げられる。ローラー・スケート集団が田中と岡田を襲うアクション・シーンは表六甲ドライヴウェイをロケ使用している。これだけは見ものである。少なくとも五人は骨折しているに違いない。

浜風

――「サンテレビボックス席」

神戸に本社を置くUHF局、サンテレビの屋台骨と呼べる長寿番組が「サンテレビボックス席」である。開局間もない一九六九年から今日まで、阪神タイガースの試合を試合開始から試合終了まで生中継するという、偉大で、奇特な番組だ。今でこそ、BSやCS放送で試合全部を中継するというスタイルは珍しいものではないが、長らくの間、日本で唯一の試みであった。野球中継の〝大変、残念ではありますが、そろそろ放送を終了させていただきます〟という世界でもっとも野暮な常套句《じょうとうく》も、ここでは耳にすることはないのである。

私が阪神ファンになった理由は、まず父親譲りではあるものの、この番組の存在がとても大きい。小学校に入った頃から五十を越えた現在まで、どれだけの時間を「サンテレビボックス席」に費やしているか、という話である。実際、京都に移り住んでいた八〇年代はKBS京都のネット中継が少なかった為、タイガース熱が低下したこともあった。逆に神戸に戻ってから、九〇年代のいわゆる〝暗黒時代〟にはばっちり付き合ってしまった。

後藤次男《ごとうつぐお》の〝クマさんのトラ情報〟、鎌田実《かまたみのる》の理論的な解説、藤田平《ふじたたいら》の陰気臭い語り口……と、歴代の解説者も忘れられない。

過去の試合を「虎辞書《とらじしょ》なる」という番組名でアーカイヴ放映することもある。昔の甲子園の阪神戦はアルプス・スタンドなんてガラガラな日も多かった……という記憶を証明してくれる。

ＡＢＣ朝日放送との「プロ野球リレーナイター」もたまにある。サンテレビで試合開始、朝日放送がゴールデンタイム、再び夜九時くらいからサンテレビがそれぞれ中継する、という珍しい構成である。ある夜、サウナ風呂でこれを観ていた。それぞれの場所に設置されたテレビのチャンネルが固定されているため、〝リレー〟のたびに、サウナ↓休憩所↓サウナと、裸のおっさんたちによる民族大移動が行われた。情けなくも、微笑ましい光景であった。

にごりみず
――内山田洋とクール・ファイブ「そして、神戸」

「そして、神戸」は内山田洋《うちやまだひろし》とクール・ファイブが一九七二年十一月に発売したシングル曲。オリコン最高六位のヒットとなった。作詞は同じ七二年に、三善英史《みよしえいじ》「雨」、平浩二「バス・ストップ」などヒットを飛ばした千家和也《せんけかずや》。作曲は浜圭介。ふたりは七一年の奥村チヨ「終着駅」のコンビで、浜圭介は七四年に奥村と結婚する。

神戸を舞台とした、いわゆるご当地ソングだが、何度聴いても神戸の〝画《え》〟を思い浮かべることはない。渚ゆう子「京都慕情」やザ・ピーナッツ「大阪の女」には、それぞれの町をイメージさせるムードがあるが、「そして、神戸」にはそれが感じられない。ひょっとすると、曲のせいではなく、むしろ町のせいかも知れない。神戸そのものにメロディを呼ぶ素因が無いような気がしてきた。神戸の歌、それもヒット曲が圧倒的に少ないことには理由があるのだ。

にもかかわらず「そして、神戸」が大好きだ。この曲の神戸という町への思い入れの薄さが、薄情を通り越して非情な世界を成立させている。歌詞は徹底的に乾いている。主人公は歌い終わりの口調、〝のよ〝で女と判断出来る。女は男に棄《す》てられて、無理に神戸に足を運ぶ。濁《にご》り水の中に靴を投げ落としたり、目についた名も無い花を踏みにじったり……と自暴自虐なアフェアを経て（比喩でないのかもしれないが）、夢の続きを見せてもらうために新しい恋を求める。

ノワールな歌詞世界に前川清は命を削ってエモーションを込める。七四年のライヴ盤『クール・ファイブ・オン・ステージ・アンコール』での歌唱が壮絶で、よくDJでもこれをかけていたが、改めて原曲を聴くと、これまた圧巻の凄まじいパフォーマンスである。

イントロを脳内再生していたら、郷ひろみ「よろしく哀愁」のイントロに化けた。編曲は同じ森岡賢一郎。当初、「そして、神戸」について、ここに〝書いてどうなるのか〝と考えていたが、書いてみたら、思いがけない発見があった。

内心、サンキ

――西東三鬼「神戸」「続神戸」

西東三鬼《さいとうさんき》の「神戸」を最初に教えてくれたのはドラマーの楯川陽二郎さん［注8］。教えてくれたのもなにも、うちにある朝日文庫の『現代俳句の世界9 西東三鬼集』も彼からいただいたものだ。

西東三鬼（一九〇〇〜六二）は岡山出身。東京で歯科医師を本業としながら、三十歳を越えて俳句をはじめる。自ら同人誌を発行、新興俳句運動の中心人物として活動。一九四〇年、京大俳句事件と称される言論弾圧によって検挙され、執筆活動停止を命じられる。四二年、勤めていた東京の商社を辞め、単身神戸に移住。そこで過ごした数年間の出来事を戦後まとめた中編小説が「神戸」、「続神戸」である。

四二年（昭和十七年）の冬、〝東京の何もかもから脱走した〟三鬼は、町でみかけた女を尾行し、彼女の働くバーでトーアロード（東亜道路）にある朱色に塗られたホテルを教えてもらう。ロシア、トルコ、エジプト、台湾、朝鮮と国籍を越えた男女が住まうこの宿が彼の住まいとなる。そこで「センセイ」と呼ばれる三鬼自身と珍奇なる住民ひとりひとりのエピソードで物語が綴られていく。

ひさしぶりに読み直してみたが、やはり滅法面白かった。これまでまったく気がつかなかったが、これまた大好きな山本周五郎の『青べか物語』との類似を今回発見した。自伝と創作との違いは別として、主人公が流浪した場所で出会ったキャラクターたちのユーモア溢れる描写、そして温かい眼差しが、どちらにも通底している。小説を読むような輩《やから》（読者）が感情移入するのはインテリの主人公。その視点を借り、愛すべき愚かな隣人たちとの出会いによって、忘れてしまった魂の在処《ありか》を教えられるのだ。

〝私は神戸の話を（中略）何のために書くのか、実はよく判らないのである。（中略）おぼろげながら判ってきた執筆の目的は、私という人間の阿呆《あほう》さを公開することにあるらしいのである〟。

スウィートホーム・コウベ、アラバマ
――フレディー

フレディーという歌手を教えてくれたのは、三宮の輸入レコード店、PITSの安本さん。あいにく店に商品は無く、家に帰って、CDベイビーというアメリカの通販サイトから「ちょっと待って」と「関西空港」の二枚のシングルCDを購入した。あとで知ったことだが、届いたCDは神戸市内から本人によって発送されていた。

その二曲、特に「関西空港」に夢中になった。ソウル・ミュージックのメロウネスと演歌の人懐っこさが強引にフュージョンされて、その上に乗せた一生懸命に絞り出された日本語詞がいちいちいじらしい。こんな特殊なハイブリッド音楽がどうやって生まれたのか。

本名はフレディー・スネディコー。米アラバマ州バーミンガム生まれ。一家揃って、ゴスペル、ジャズ、ソウルと幅広い音楽環境の中で育ち、幼い頃から複数の楽器を演奏。二十歳前に海軍の仕事で単身来日、後に神戸に移り住む。JR尼崎駅前の温泉施設「あま湯」（現在は閉館）でカラオケ・ライヴを開始。ここで日本語のオリジナル・ソングを披露する。その一曲が「関西空港」。本人が造った新しいジャンル名、エンソルは演歌とソウルの合成語である。

誕生日が一九六二年一月二十三日。私（二十五日）と二日違いということもあり、このチャーミングな男と親しくなった。困ったときに声をかけてしまう矢倉邦晃さん［注9］を巻き込んで、ファースト・アルバムとなる『愛しいの神戸 フレディーの世界』（二〇一一年）の制作を手伝った。

エキゾチックな旋律で〝小さなワンダーランド、関西、ジャパン〟と歌われる〝新曲〟「愛しいの神戸」には、ひっくり返った。フレディーの視線でこの町がまたこんなに輝くなんて。歌詞に〝にしむら珈琲〟など固有名詞が出るため、公共放送でのオンエアと相性が悪いのは不運だが、音のスーベニールとして多くの観光客に聴かれることを今なお願っている。さらに、バンドを従えてのパワフルなライヴも定期的にやってほしい、と、〝心の兄貴〟にけしかけてみる。

踏まれてbanzai

――中島らも『僕に踏まれた町と僕が踏まれた町』

中島らもさんに最初にあったのは一九八三年か八四年ごろ。千日前のプランタンなんばという百貨店にあったイベント会場の楽屋で、らもさんは長椅子で横になって寝ていた。その頃、私はイベントにゲスト出演する沼田《ぬまた》元氣《げんき》［注15］さんの弟子のようなことをしていた。

何度かライヴハウスで共演させていただいた。いわゆる〝対バン〟だ。らもさんが歌う「恋の特効薬（ラヴ・ポーションNo．9）」のカヴァーは聴いた途端にシビレた。たしか、〝街はいつでも揉《も》めごと。金歯に落ちるぜカミナリ〟という〝超訳〟だった。ある日、花園町のエッグプラントの楽屋で誰かが大声で騒いでいると、らもさんが「楽屋っていうのは、精神を統一させる場所や」と、一喝したことがあった。紋切り型な言葉も、あの声、あのスピードで言われると、これがめちゃくちゃ可笑《おか》しい。今も、「楽屋」を、「呑み屋」などと言いかえて、独りごとを言うことがある。

単行本『**僕に踏まれた町と僕が踏まれた町**』（集英社）で、神戸と、らもさんとが自分の中ではじめて結びついた。灘中、灘高から、予備校（加納町のＹＭＣＡ）、そして大阪芸術大学という蒼い時代を回想した随筆集である。

「大阪の中華料理はまずい。というよりは神戸のそれがうますぎるのだ。もちろん大枚はたいて宮廷料理のフルコースでも食べれば大阪だってそれなりのものは出てくる。そうではなくて、毎日の昼に口にするような街のラーメンの味の水準がちがうのだ」。

こんな言葉が自分の中に刷り込まれている。

この本の中で一番好きなのは、芦屋川の上流で行われたロック・フェスに出演するフラワー・トラヴェリン・バンドをやじり倒す、という武勇伝だ。〝いかにも外人に受けそうなまがいもののオリエンタリズム〟という言い回しが、身も蓋もなくて、今も読むたびに声を出して笑ってしまう。

時には

——佐々木昭一郎『マザー』

ＮＨＫでいくつかの才気走ったテレビドラマを作った演出家、佐々木昭一郎をはじめて知ったのは一九九〇年頃。遠藤賢司も出てくる七一年の『さすらい』を最初に、続けて『夢の島少女』（七四年）、つげ義春作品を原作とした『紅い花』（七六年）と、その個性に魅せられていった。少し遅れてテレビドラマ第一作目となる『マザー』（六九年）を観た。全編、神戸でのロケーションで、とても驚かされた。

大阪万博の前年となる六九年。神戸市電の装飾された花電車が市街地を走る「みなとの祭り」で賑わう神戸。ケンという名の少年がひとり、街や港をさまよい歩く。スイス人の女性画家、ジャクリーヌと出逢い、言葉の通じないまま会話を交わし、港のコンテナに絵を描く。ジャクリーヌに「人間、死んだら、また生きかえるのかな」と疑問をぶつけるケンは、彼の身柄を確保した女性職員に対しては貝のように口を閉ざす。そして、ケンは里子に出され、この小さな一日も記憶の彼方へフェイドアウトしていく。

あらすじ、のようなものを書いてみたが、どこまでがドラマで、どこまでがドキュメンタリーか、よく分からない不思議なつくりの一時間である。街頭インタビューで「あなたは母のことをなんと呼ぶか」という問いに、国籍を越えた人々が、それぞれの言葉で答える。当然、神戸っ子が多く、「おかあちゃん」の発音は、私とまったく同じものだ。この無数の「おかあちゃん」のサウンド・コラージュにビートルズの「ヘルプ！」が一瞬、インサートされる。ジョン・レノンがもうすぐ「マザー」という歌を歌うようになることをまだ誰も、ひょっとするとジョン・レノンさえも知らないというのに。

熊内《くもち》幼稚園が写る。私が通っていたのは隣の明照《めいしょう》幼稚園だったことをすっかり忘れて、園児の群れの中の自分を探してしまった。横倉健児扮するケン少年は少し年上だけれど、着ている服や、髪型は、まるで小学校時代の私そのものだ。

UHFのドボチョン一家
――「Sunday Music Box」

「Sunday Music Box（サンデー・ミュージック・ボックス）」は、神戸のUHF局、サンテレビでかつて放映されていた深夜のバラエティ番組である。

当初は「近松　貴方と夜と音楽と」（一九九六年スタート）というタイトルだったのが、「Sunday...」に、さらに「Sunday Music Box Part.2」と名前を変えて、二〇〇九年まで放送は続いた。タイトルどおり日曜深夜に、月に一度の放送という変則的な放送だったが、その歴史のほとんどを付き合った。録画を怠《おこた》ったときは、それなりに落ち込んだりした。

司会は作曲家の奥村英夫。チコとビーグルス「帰り道は遠かった」のヒットで知られる。ジャズ・ギタリストでもあり、黎明期の「11PM」にレギュラー出演し、演奏も披露していた。思えば、「Sunday...」は、奥村によってサンテレビに持ち込まれた

「11PM」的バラエティ・ショウという捉えかたも出来る。ただ、「11PM」の出演者が、全国的に知名度を持つ文化人やタレントだったのに対して、「Sunday...」は、ほとんど、この番組でしか観ることが出来ない、稀有な人材で構成されていたことが決定的な違いである。

もうひとりの司会者は「霧の中の少女」の歌手、久保浩。奥村と久保と女性MCとのトリオで番組は進行する。MCのひとり、米倉由華が歌うバブル歌謡「アフロディテ」の破壊力は相当なものだった。ほかに、フランキー・ヴァリに一週間、エサを与えないでいたら……そんな弱々しい高音で歌う芝聴《しばさとし》「おばあちゃん」にも凍りついた。劇団Stage SS Zakkadanのオチないコントには時空が歪んだ。私はこれらの動画を、今もなおイベントで再生している。男ふたりのデュオ、くるーずが歌うエンディング曲「ああ人生」はカラオケで熱唱する。もちろん、すべて奥村英夫作品である。

奥村英夫は一一年に七十五歳で亡くなられた。サンテレビに〝残された〟「生×カラ！TV」を観ながら、失われた異常な時間を愛おしむ。

神戸以外全部沈没

――筒井康隆

小説家、筒井康隆は垂水に住んでいる。新しい著作が刊行されると垂水駅の北側、レバンテ垂水の文進堂書店にサイン本が並ぶ。

ウェブ上の筒井の日記「笑犬楼大通り《しょうけんろうおおどおり》」は縦書きのレイアウト、本のページをめくるようなアクションが心地よくて、つい覗いてしまう。本人が参勤交代と喩《たと》える、垂水と東京（にも住居がある）を行き来する生活が淡々と綴られている。神戸ではANAクラウンプラザの懐石料理「たん熊」や、旧居留地のオリエンタルホテルのステーキハウスなどが登場する。同じ町に住んでいても私の生活圏とはパラレル世界だけど、やはり身近に好きな作家がいる、というのは嬉しいものだ。ちなみに、私のフェイバリット作品は、〝五十音〟がひとつずつ消えていく小説『残像に口紅を』です。

筒井康隆が東京から彼の妻の実家に近い垂水に引っ越してきたのは一九七二年四月

のこと。七四年に出たバラエティ・ブック『暗黒世界のオデッセイ 筒井康隆一人十人全集』（晶文社）には、神戸に越してきたばかりの、彼のワクワクした気持ちが溢れている。見返しには小林泰彦が描く神戸の絵地図。冒頭の約四十ページは神戸についての文章だけで構成されている。随筆「神戸に帰る」には〝今、文壇では作家族の神戸大移動説が噂として流れていて（中略）野《の》坂《さか》昭如《あきゆき》氏も、市の中心地を見おろす山手の土地を物色中だそうであるが、今ごろ捜したってそんないい場所があいているものか。ざま見やがれ〟と絶好調である。

「東京↓神戸引越し騒動」にはこんな一節がある。〝日本で、いちばん地震の少ない所は兵庫県なのだそうである〟。今、わざわざ、これを取り上げるのは皮肉でも、ツツイ譲りのブラック・ユーモアでもない。阪神・淡路大震災に遭う前の神戸人のニュートラルな意識は、確かにこうだったのだ。わざわざ口にさえ出す必要もなかったことを、こうして活字として残していることに、作家のひとつの役割を感じずにはいられない。安全な場所などないのだ。

悪そうな町

――映画『麻薬3号』『ゆがんだ月』

父と昭和三十年代の神戸の話をしていたら、彼の口から元町界隈で映画『麻薬3号』のロケがあった話が出て驚いた。

『麻薬3号』（一九五八年）はオール神戸ロケ。原作は五味康祐《ごみやすすけ》の同名小説だ。監督は後に日活でアクション映画を数多く撮る古川卓巳《ふるかわたくみ》。主人公、地元のヤクザに扮するのはまだ二十歳そこそこの長門裕之《ながとひろゆき》で、言うまでもなく、桑田佳祐《くわたけいすけ》そっくりである。ヒロインは数年後、長門と結婚する南田洋子《みなみだようこ》。この映画の二年前に古川卓巳が監督した『太陽の季節』（五六年）（石原裕次郎のデビュー作でもある）への出演がきっかけで、長門と南田は出逢っている。メリケン波止場、モダン寺、栄光教会など元町界隈を中心に須磨浦公園のロープウェイも登場する。戦後、わずか十三年の神戸をこれだけ多く記録してくれた名編に感謝したい。同じ五八年の『赤い波止場』（一五八頁）はどうしても裕次郎のスター性が勝ってしまうところもあるため、シンプルに神戸映画としての魅力はこちらに軍配があがる。

特にはっとさせられるのは、現在も営業を続けている三宮高架下の喫茶店、「茶房ジャヴァ」のシーン。店の看板や店内が大胆に使用されている。数年前にこの映画の回顧上映が元町映画館で行われたとき、連日、お店の方がお見えになったという話を聞いた。京都では古い映画の回顧上映の会場で年配の上品な女性を見かけ、それが映画に出ていた元・女優だと教えられたことがあるが、神戸でもこんな話を聞くとは思っていなかった。映画ならではの、いい話だ。

先日、ＣＳ放送で観た**『ゆがんだ月』**（五九年）に驚かされた。こちらも映画の前半は神戸ロケで、主演は長門裕之と南田洋子のコンビ。まるで『麻薬３号』の兄弟のような映画だった。監督は松尾《まつお》昭典《あきのり》。撮影は姫田《ひめだ》真佐久《しんさく》で、神戸のノアールな表情をヴィヴィッドに捉えている。『麻薬３号』、『ゆがんだ月』共にAmazon Primeで配信中。

見たことがある町

——ロケ地＝神戸の映画たち

北野武監督の『アウトレイジ』（二〇一〇年）は多くのシーンが神戸でロケ撮影されている。ビートたけし扮する大友組組長の事務所として使用された旧居留地の高砂ビルの一室には、撮影で使われた机や椅子が今もそのまま展示されている。壁には銃弾や血痕の跡……もちろん美術さんによる作品……も残されている。

この映画を、神戸でロケされているとは知らずにロードショウで観た。柄本時生《えもとときお》扮するヤクザ組員が殺されるシーンで、その現場である公衆トイレの屋内を見て、あっ、ＨＡＴ神戸の……、と気づいた。そのシーン以降は、ストーリーよりもロケ地が気になって困った。

二〇〇〇年に神戸フィルムオフィスが開設し、ロケーションの誘致活動を積極的に行うようになってから、神戸でロケ撮影される映画は増えた。一部、物語の舞台も神戸というものもあるが、ほとんどは何処《どこ》か別の町を神戸が演じている。あまりに〝演技〞が上手いので、『紙の月』（一四年）に出てくる駅のホームが市営地下鉄の長田駅だとはまったく気がつかなかったほどだ。

ジャッキー・チェンが主演する香港・日本合作映画『新宿インシデント』（〇九年）は、神戸でのロケを目当てに劇場に足を運んだ。ジャッキーが竹中直人と絡むシーンでは湊川隧道《みなとがわずいどう》の内部が使われている。『ブラック・レイン』（一九八九年）の脇浜の神戸製鋼所然《しか》り、普段、入ることが出来ない場所は、社会科の見学のように興奮する。

映画の中では神戸中央卸売市場の古い建物が〝新大久保駅〞として登場する。文字通り、晩年の勇姿を映画に記録してくれた。

『クローズZERO』（二〇〇七年）にはじまる一連のシリーズでは、新長田の六間道《ろっけんみち》商店街の界隈を鈴蘭男子高校の生徒たちが練り歩く。二葉34商店街の独特なフォルムは完全にクローズの世界と溶け合っている。曲がり角から学ラン姿の小栗旬《おぐりしゅん》や、東出《ひがしで》昌大《まさひろ》が歩いてくる。そんな妄想も楽しい。丸五市場の八百屋の娘は黒木メイサだ。

神戸っ子

──『月刊 神戸っ子 KOBECCO』

『月刊 神戸っ子 KOBECCO』は一九六一年(昭和三十六年)に創刊され、半世紀を越えて現在もなお発行を続けているタウン誌だ。

一八・五センチ×一六・八センチという横長の判型は古本屋でもすぐに目に飛び込んでくる。なにかと気になる六〇年代後半から七〇年代のあたまくらいまでのバックナンバーは、ついつい買ってしまう。創刊からかなり長い期間は表紙に小磯良平《こいそりようへい》の絵画が使われているが、私が買うのはシンプルな線画を使用していた頃のものだ。

淀川長治が映画についての連載をしていたり、神戸に越してきた筒井康隆による街歩きの随筆があったり、アンケート記事には鴨居《かもい》羊子《ようこ》が参加していたり、と、読み応えがある。一見、スクエアなムードの誌面の中で、時に詩人の片桐ユズルが「自分の町をじまんするのも神戸とサンフランシスコは似ているが、神戸は若い人の数が少ない（中略）とっぴなかっこうをした人間がすくない―バラエテーがすくない― 服装が画一的であるということだ。これを神戸っ子の趣味の良さだとはおもえない」と、平気で文句を垂れている。これが六八年の記事なので、本場、ヘイト・アシュベリーのヒッピーと比較されては困るのだが、言わんとすることは、今もよくわかる。

記事以上に広告が楽しい。横尾忠則が六八年に内装デザインを施したディスコティーク「メイド・イン・日本」が、三宮興業ビルの四階にあって、連日ゴーゴーガールと一流バンドが出演していて、ビール小瓶と突き出しが付いたコースが五五〇円だった……なんて情報を、ほかの誰が教えてくれるというのだ。「現代の若者のスペースリズム＆ブルースと光でいっぱい！」という惹句も眩しいスナック「ＢＯＢ」なんて、妄想のオカズとして最強としかいいようがない。

この『神戸っ子』のバックナンバーの多くをネットで読むことが出来る。「神戸っ子」の公式ウェブサイトで、丁寧に表紙から、裏表紙までの全ページをＰＤＦ形式で公開されている。是非。

お洒落神戸

――ちんき堂［元町］

ＪＲ元町駅から南へ。大丸へ続く鯉川筋の一本西側には穴門《あなもん》商店街という名前がある。ぎょうざを焼く美味そうな匂いをくぐりぬけると、左手に「ちんき堂」の看板がある。「お洒落《しゃれ》とお下劣《げれつ》、元気な古本」の惹句の下に、湯村輝彦画伯が描く女性用パンツ一丁の柳腰のおやじが「見ていってちょうだい」と語りかける。

ちんき堂の店主、戸川昌士《とがわまさし》さんとはじめてお逢いしたのは一九九六年のこと。ちょうど、最初の著作である『猟盤日記』（ジャングルブック）が刊行されたばかりのころだった。八〇年代から雑誌『フォーエヴァー・マガジン』などに書かれた文章の大ファンだったので、とても興奮した。

お会いして数ヶ月後、『週刊ＳＰＡ！』の連載にご出演いただいた。「戸川さんが元町高架下を散策するのを尾行する」というフォト・ストーリー風のつくりで、古道具屋で彼がお色気歌謡のシングルを抜いたあとのレコードのエサ箱には、稀少盤として知られるトニー・シェリダンと彼のビート・ブラザースの「マイ・ボニー……」のジャケをカラー・コピーして、店の適当なレコードに入れて、そのまま置いて帰ったので、後で気づいた人はギョッとしたはずだ。

お付合いして最初のころは、やたら評価の厳しい人だなあ、と思っていた。次第にそれが、確固とした美意識に基づいたものだと気づく。まわりにモノを蒐《あつ》める人は多いが、こういう〝眼〟を持っている人はほんとうに少ない。真似ようのない〝粋〟がある。

そんな戸川さんが「ちんき堂」をはじめたのは九九年。湯村画伯が描くポストカードも数を重ねてもう何作目になることだろう。最初は店に戸川さんのぼやきを聞きに行っていたが、最近では逆に私がぼやいていることが多くなった。神戸新聞夕刊で月イチ連載している「神戸ちんき堂通信　あなもん」もそろそろ単行本でまとめて読んでみたい（二〇一九年に『あなもん』としてPヴァインから刊行）。穴門商店街には私の大切な友だちの店がある。

勉強するなら

――勉強堂書店［春日野道］

アーケード型の商店街にある昔ながらの古本屋が少なくなった。新長田にも最近まで一軒あった。神戸ではないが、JR立花の駅前商店街の古本屋もいい面構えをしていたなあ……と、無くなった店を偲《しの》ぶ。その点、大阪の天神橋筋商店街は羨ましい。根っからの（雨ではなく）傘嫌いなので、濡れずに行けるという物件に無条件で弱いのだ。ということで、春日野道商店街の「勉強堂書店」のはなし。

表にある一冊百円の文庫本を買って、十五分ほどで歩いて行ける神戸クアハウスの、半身浴しながら読書が出来る湯船でそれを〝読み潰す〟、というのを何度か楽しんだ。雑誌、漫画など柔らかいところから店の奥のカウンターに向けて、グラデーションのように本の種類は硬くなっていく。薔薇十字社《ばらじゅうじしゃ》から出ていた大坪砂男の全集（全二巻）もここで買った。名短編「天狗《てんぐ》」ばかり読み返して、未だ全部は読んでいない。

篠山紀信の『晴れた日』を買ったのもこの店。屋号の〝勉強〟はダブルミーニングだろうが、やさしい価格設定をみると、〝勉強しまっせ〟のほうに大きく比重がかかっているようだ。

カウンターに向かって右の奥の棚に一見、硬めの本が揃っている。これが〝社史〟の数々で、この店の大きな魅力となっている。カラフルな菓子の図録がいっぱいの『森永五十五年史』は大当たりだった。家人が買った『川村義肢《ぎし》株式会社』の社史は、当たり前のことだが、義手、義足の写真が多く掲載されている、ビザールな一冊だ。天神橋を歩いていて、実際にこの会社を発見したときは妙に興奮してしまった。社史の難点は、本が重く、たいてい函入《はこい》りであるため、立ち読みが困難なこと。まだ逸品は掘り尽くされていないはずだ。

仕事帰りと思しきブルーカラーの姿をよく見かける。近所の老人客が店の奥さんと普通に世間断《せけんばなし》を交わしたあとで、いかにも自然な流れでエロ本を買って帰るのに出くわしたときは、いいものを見た、と思った。定食屋のように、毎日通うことが似合う店だ。

とりあえずレコードを

――ハックルベリー［元町］

「ハックルベリー」は神戸元町界隈の中古レコード漁りの〝ふりだし〟であり、〝あがり〟でもあるお店。

品揃えの幅広さは客層に反映している。いかにもうるさ型の年配の客から、若い客までが店内にいつもひしめき合っている。

この店のひとつの特性はエサ箱とエサ箱の間の通路が狭いこと。つま先立ちになって他の客をやり過ごしたり、やり過ごさせたりが基本。もともと、〝これ〟といった具体的な狙いを持たずにレコード屋に入ることが多い私は、ひとつのコーナーに執着する気持ちが薄いため、他の客に〝ところてん〟のように押し出されて、見る気がなかったコーナーの前に移動する、ということが少なくない。その結果、おもいがけない盤に出逢うことになるのだ。

店の中では比較的、競合相手の少ない〝ヴォーカルもの〟のコーナーは恰好《かっこう》の釣場だ。ジャズには疎《うと》いので、アルバムのジャケを裏返し、知っている曲をカヴァーしている盤をここでよく掘った。ドノヴァンの「サンシャイン・スーパーマン」をメル・トーメが演ってるやつだとか、ロジャー・ニコルズの「ドント・テイク・ユア・タイム」をサミー・デイヴィス・Jr.が歌ってるやつだとか、ビーチ・ボーイズの「駄目な僕」をカーメン・マクレーがカヴァーしている盤だとか。ハックルベリーといえば、まず、〝この手〟の盤を思い浮かべる。いずれも千円くらいで手に入れた。

一方で恩恵にあずかっている身として、ネット通販を批判するのもお門違いだとは思うが、それに（ついでに流行にも！）無縁でじゃんじゃん良盤を店頭に出す姿勢は本当に心強い。気まぐれで壁に並べられるレコードにも波長があい、何も考えずにそこから買って帰ることも少なくない。もはや、レコードを買いたい、という漠然とした気持ちだけに応えてくれている気さえする。つまりは、無くなってもらっては困る、ということ。ありがとう。いいお店です。

ホイッスル・ブック&ソング

――口笛文庫［阪急六甲］

十年ほど前、家の近所に古本屋が出来た。地図で見ると、ちょうどJR六甲道駅と阪急電鉄六甲駅の間にあるが、坂を下る楽を考えれば、最寄りの駅は阪急六甲ということになる。阪急六甲駅の踏切からバス道の坂を下っていくと交番があり、さらに山手幹線の六甲口の交差点へ向かって歩くと、その東側に「口笛文庫」がある。

店の誕生を大いに喜んだのは言うまでもない。同時に少し不安もあった。長年ここに住む者なら誰もが阪急六甲界隈に新しい店がなかなか根付かないことを知っている。神戸大学生は勉強しか能がない、と皮肉のひとつも言いたくなるほど、ここに学生街が形成されることはない。そんな心配を裏切るかのように、開店から四年目に店は改築され、売り場面積は二倍になった。以前の建物が畳屋だったという記憶も遠く、もう何十年も前からここには古本屋があるような佇まい。ちなみに、店主は神戸大学の

ＯＢである。

とにかく品揃えは豊富だ。私は音楽や芸術、文庫など限られた棚を眺めるだけだが、人文、思想から雑誌のバックナンバーまで硬軟取り混ぜた書籍が店舗を埋め尽くしている。近所の母親が子供を連れ絵本を買う姿も頻繁に見かける。挿画が怖くて愛らしいソ連の童話『きえた女の子』もここで見つけた。

古本とジャズ、というコピーの通り、中古ＣＤも売られている。瀟洒《しょうしゃ》なジャズ・ギターのＢＧＭが店によく似合っている。

入ってすぐの場所にある紙モノ（エフェメラ）も店の雑食性を象徴しているようで、嬉しい。かつてレコード屋で、無料で配布されていた情報誌『レコード・マンスリー』の、一九七〇年代のバックナンバー、百数十冊をまとめて、とても安い値段で売っていただいた。これが後で、ラジオ番組の選曲のために大いに役立つことになる。

二、三日床に臥《ふ》せっていた後、はじめて表に出てこの店に寄った日があった。家の近くに古本屋があるなんて、贅沢な話だ。

高架下でレコードを買う

——元町高架通商店街のレコード屋【元町】

（再整備計画で多くが転出。「文庫版あとがきにかえて」参照）

元町高架通商店街、通称「モトコー」で、今、中古レコード屋として営業しているお店は四軒ある。東から順に挙げていく。「FREAK OUT」（現在は灘区水道筋六丁目に移転）はエサ箱の上にうず高く積み上げられたレコードに圧倒される。以前より確実にレコードを掘る力（と欲）が減退している私としては、この店でがんがんレコードを漁っている人を大食いコンテストを見るように眺めている。「ワイルド・ハニーパイ」（現在は元町通四丁目に移転）は何度か移転して、この場所に落ち着いている。かつて、商品タグに書かれた文字が芸術的なまでに独創的だった記憶があるが、最近はどうだろう。個人的に「ダイナマイト」がもっとも使いよい。レコードでも買うか……という漠然とした気持ちに高い打率で応えてくれる。「パラドックス」（現在は元町通二丁目に移転）にはまだ馴染んでいないけれど、そのうち、ゆっくり時間をかけて漁ってみよう。

こういう〝ちゃんとした〟レコード店以外にもモトコーにはレコードが売られている。ガラクタを売る店の前に数十枚が入った段ボール箱。一枚一〇〇円から三〇〇円。モトコーで買ったレコードといえば、何故かそればかり思い出す。最初に買ったのは『ゴールデン・カップス・アルバム 第2集』。まだ小学生だった。あの頃の高架下は、やたら白黒テレビ（受像機）が売られていた。

骨董品屋《こっとうひんや》の前に、さも高価な芸術品のようにインクレディブル・ストリング・バンドの『U』のアナログ盤を飾っている店があったが、あれはなんだったのだろう。アンティークの時計と一緒にレコードを売る店があった。ある日、二階の倉庫を特別に見せてくれる、というので、DJの田中知之さん、内門洋《うちかどひろし》さんたちと出かけたことがあった。蒸し暑く、猫の小便臭い店内で大量の中古盤に挑んだ。収穫はまったく覚えていないけれど、休憩して近くの「もっこす」でラーメンを食べた記憶がある。レコードを前に全員やたらハイだった。

ビー・トゥルー・トゥ・ユア・スクール

――カナディアン・アカデミーの卒業アルバム

蒐集家《しゅうしゅうか》としてはムラッ気が多いので、いわゆるウォントリストを作ったことがないが、こういうものがあれば欲しい、と持っているものの中からいくつかを具体的に挙げることは出来る。

『赤と灰』と題された写真集もそのひとつ。手に入れた古本屋は忘れたが、たしか千円で買った。

本は灰色の表紙で、本の〝ひら〟には漢字で「赤と灰」と赤い文字があり、背表紙には赤の英字で「RED AND GREY 1962」と書かれている。百年を越える歴史を持つ神戸のインターナショナル・スクール、**カナディアン・アカデミーの一九六二年度の卒業アルバム**で、レッド&グレイは同校のシンボル・カラーである。

扉を開くと、今はなき旧校舎の堂々たる全景写真。現在は長嶺《ながみね》中学校がある場所だ。

ちなみに、カナディアン……は一九九一年から六甲アイランドに移設している。続いて、教師にはじまり、高校、中学、小学校、幼稚園と卒業生のポートレイトが続く。ほとんどが白人で、短髪、ヨコワケの男性の髪型は、ビートルズ前夜、というイメージ。個人写真のあとは、楽しげなパーティーやアトラクションの想い出が続く。『ART OF DATING（デートの美学）』という洋書を真剣な顔で読んでいる少年の横には「Ah so?!」と、キャプションもいちいち洒落ている。校外学習で出会ったとおぼしき、白墨で路面に馬の絵を描くホームレスの写真なんかも併載されている。

写っている人たちも裕福そうだが、本のつくりもかなり豪華だ。巻末の広告ページを見ると、その謎は解明する。ノースウエスト航空、シェル石油、シンガーミシン、田崎真珠など大手に混じって、コウベグロサーズやドンク、フロインドリーブ、ヤノスポーツなど神戸人に馴染み深い屋号がいくつも並んでいる。

香港ノワールの名作『インファナル・アフェア』（二〇〇二年）にも出ていた陳慧琳（ケリー・チャン）もこの学校の卒業生だ。

低速神戸

――メトロこうべ［高速神戸］

メトロこうべは神戸高速鉄道の高速神戸駅と新開地駅を結ぶ地下道に並ぶ商店街の呼称である。それぞれの駅の上には神戸タウン、新開地タウンと呼ばれる商店街があり、これもメトロこうべに含まれている。そのふたつをつなぐ約五〇〇メートルの地下道はセンター（星の広場）と名づけられている。がらんとした地下道に、数軒の店がのびのびと営業している。

センター（星の広場）を高速神戸から西へ歩いていくと、南側にまず「メトロ理容」がある。今でこそ千円カットも珍しくないが、長きにわたり低料金（現在は一一五〇円）のサービスを続けている。この店で黙って店員に頭髪を任せる行為こそ無頼《ぶらい》と呼ばれるべきだろう。そこから大きな卓球場、大きなゲームセンターと続く。

北側には「メトロこうべ古書のまち」がある。店は三軒と少ないが、それぞれ大胆に間口を広く取っているため、なかなか壮観である（現在は三軒とも閉店）。

新開地に本店がある「上崎書店」は表に百均、廉価本、エロ本などのワゴンが並び、店の奥には多種多様な古本が本棚に収められている。奥の棚の本を手に取るためには前方のワゴンの端まで廻って中に入らなくてはならないのだが、これが面倒くさくて、店の表から背表紙を眺める、という粗い見方をよくしている。遠視の老眼には、それがちょうど見やすくもある。「昇平堂書店」は鉄道など専門書や、セット揃いのコミックなどを揃えている。

もう一軒、「泉堂書店」は文庫本、エロＤＶＤ、最近はコンビニのコミック本でびっしりと棚を埋めている。この店で、孤高の音楽家、ムーンドッグについての記事が収録された昭和三十三年刊『隠しマイクのアメリカ』（秦豊・著）を二〇〇円で買った。これは嬉しかった。

先日、ゲームセンターが閉店した。古書街はなんとか耐えぬいてほしい。考えてみると、改まって「メトロこうべに行こう」と口にしたことは、ほとんどない。そういう場所に育てられてきた。

夜の散歩をしないかね

――一宮神社から八宮神社を歩く

一宮神社から八宮神社まで歩いてまわることにした。

単純に名前の〝数〟に因んだ思いつきだったが、ウィキペディアを見てみると、八つの神社は「生田《いくた》裔神八社《えいしんはちしゃ》」、あるいは「港神戸守護神厄除八社」と呼ばれ、これを順に巡ることは八宮巡りとされ、厄除けになるという。なんでも生田神社を中心として、北斗七星の形を形成している、とあるが、「七」ということはひとつ足らない。六宮神社は八宮神社に合祀されている、ということもはじめて知った。

夜、歩いてみることにした。いつもは肩掛けかばんを持ち歩いているが、手ぶらで歩こう。ポケットにはスマートフォン、家の鍵と、賽銭《さいせん》のために五円玉を八枚。使う、使わないにかかわらず一万円札も入れた。職務質問にあったときに備えて運転免許証も持った。

キリがいいので「一宮神社」を深夜零時にスタート。まだ酔客の多い繁華街を抜けて「二宮神社」、「三宮神社」へと歩く。ここですでに賽銭箱が建物にしまわれている神社が出てきた。しょうがないので建物の前に五円玉を置く。何を願うでもなく「お世話になっております」と頭を下げ、ガラガラと鈴を鳴らして、「よろしくお願いします」と仕事の電子メールのように挨拶して廻った。県庁近くの「四宮神社」を経て平野町の手前の「五宮神社」で少し迷う。住宅地の坂を登り、かなり汗ばんでくる。先に書いたように「六宮神社」と「八宮神社」は同じ場所なので、一度詣ればいいという甘い考えもあるが、「六」から「七」へと進んだあと、また「八」に戻った。『マッドマックス 怒りのデス・ロード』（二〇一五年）を観ていないと出来ない行為だ、と自分を讃えた。二時間半で全行程を終えたので、始発まで三宮をうろうろする。腹も減らずラーメン一杯食べなかった。ふらっと見知らぬバーにでも入ってみようか、と思っていたが、私はふらっと見知らぬバーに入れるような人間ではないことを今更ながら知る。スマホの万歩計を見ると二万八〇〇〇歩、歩いていた。

P202「メトロこうべ古書のまち」2006年
連なっていく蛍光灯が古書街の長さを強調する。ほんの数年前まで「当たり前」だった風景。

P203「灘駅北側 阪急高架下」2014年
高峰秀子が主演する『朝の波紋』（1952年）という映画にもこの辺りの風景が。変わっていません。

第四章　神戸の記憶

階段下りた名画座で

——ビック映劇【三宮】

（一九九九年閉館）

ポートライナーに乗ってポートアイランドに向かうとき、国道2号線を越えてすぐ左側にまだそのビルは建っている。富士ビルという名前だとはこの文章を書くために調べてみるまで知らなかった。

この地階に映画館、いわゆる名画館の「ビック映劇」があった。

プログラムは洋画がメインの二本立て。最初に行ったころの入場料は学割で三五〇円だった。阪神淡路大震災の後もしばらく営業をしていたが、一九九九年に営業を休止した。四十七年の歴史に幕、という情報を元にすると、開業は昭和二十七年（一九五二年）ということになる。現在、跡地で営業しているＴＡＯシアターという名のレストランは、映画館のフォルムをかなり多く残した内装で営業を続けている（二〇二四年現在は閉店）。

『アメリカン・グラフィティ』（七三年）は間違いなくここで観た。『ウッドストック』（七〇年）も。『ジェレミー』（七三年）や『フレンズ』（七〇年）もたしかここ。アメリカン・ニュー・シネマの記憶が強いが、アラン・ドロンとミレーユ・ダルクの共演作など、好みじゃなかったヨーロッパ映画もよく観た。上映作品のリクエストを投入する箱が設置されていて、壁には多くの映画の名前が書かれていた。

映画以上に忘れられないのが、ここで月刊情報誌、『プレイガイドジャーナル』をはじめて手にしたこと。小学校の五年か六年だった。おびただしい数の映画、映画館、バンド名……見知らぬ名前の洪水。次に進むべき世界へのパスポートを百円で手に入れた。「B6判」というサイズへの強い思い入れを、のちに私が自費出版で出すミニコミ『3ちゃんロック』の判型で表すことになった。

失われた神戸の名画座を語ると、まずビック映劇、となるようで、ネットにも多くの人が思い出を記している。〝画《え》の動かない〟広告は覚えていたが、緞帳《どんちょう》に「山下アイスクリーム」と刺繍《ししゅう》されていたことは記憶になかった。映画館の近く、2号線の南側にあるビルの屋上に〝動く〟リプトン紅茶の広告塔があったことも忘れられない。

こんなんどうですか

――リズムキングス【元町】（二〇一四年閉店）

元町・南京町の中古レコード店、「リズムキングス」といえば、ワールド・ミュージックの専門店という印象が強いが、それも古今東西、幅広い品揃えの一部であり、逆に言えば、すべての音盤をワールド・ミュージックとして扱っていたような気もする。うちの夫婦は、LPは私、7インチEP（邦楽）は妻という役割分担で中古盤を漁っていたので、それぞれが腰を据えることが出来る店でもあった。いつも閑散としていたので、待ち合わせ場所としてもよく使った。

店主の藤岡さんに、店に顔を出すたび、〝おもろい盤〟を薦めてもらった。それを手に抱えて二十分ほど他のレコードを抜き、レジ前で「これ、今日はええですわ」と推薦盤をお返しする……という一連の流れを何度繰り替えしたことか。BGMは基本、AMラジオだ。

いろんなレコードを買わせていただいた。開店、間もない頃、店の壁にタイニー・ティムのセカンドを見つけたときは狂喜した。店を出て、すぐに忘れ物に気づいて戻ると、その壁にはまた同じタイニー・ティムの盤が。今にして思えば、デッドストック盤で複数仕入れていたのだが、わずか数十秒で補充する姿勢に藤岡さんのマメなところが表れている。何年も前に、田端義夫《たばたよしお》が小坂忠《こさかちゅう》の「機関車」をカヴァーしているシングルを探している、と言ったことを覚えておられていて、すっかり忘れていた頃に「入りました」と風船から空気が抜けるような声で電話をくれた。こんなことが何度もあった。

一度、『モンド・ミュージック2』（アスペクト）という単行本で取材をさせていただいた。そこで芙蓉軒麗花《ふようけんれいか》をフェイバリットとして挙げられた。その時はよく知らなかったけれど、後で再発CDを聴いてぶっ飛んだ。私にとってもフェイバリットと呼べる歌手になった。思えば、おもろくて、破壊的なまでに解放された芙蓉軒麗花の歌は、藤岡さんが仕入れ、売っていた音楽の真髄だったように思える。そんな話もゆっくり出来ぬ間に、二〇一四年の春、リズムキングスは店を閉じた。

神戸人、神戸に泊まる

――ホテル・ヒルトン［北野］（閉館時期不明）

ぼんやり見ていたテレビのバラエティ番組で、行ってみたい関西の都市について外国からの観光客にアンケートをとっていた。史跡名所の多い京都がダントツなのは当然。USJや道頓堀、新世界など遊び場の豊富な大阪がそれに続くのも納得。その次にくるはずの神戸の人気があまりにも低くて、笑ってしまった。たしかに、百年を越える建造物や古い町並みが現存するヨーロッパからの観光客に、異人館や旧居留地が訴えかける魅力は薄いかもしれない。唯一、南京町はアジアからの観光客で繁盛しているように見える。

観光客として神戸の宿に泊まってみたくなることがある。震災前まで健在だった京町オリエンタルホテルの古い建物や、東遊園地からフラワーロードを挟んで建っていたニューポートホテルなども一度は泊まってみたかったな、と思う。今はもうやっていないかもしれないが、以前、六甲山ホテルには冬期、気温が氷点下になると宿泊料が割引されるというサービスがあった。ひとりで連泊して、原稿など書いてみれば、映画『シャイニング』（一九八〇年）のジャック・ニコルソンの気分が味わえただろう。

一九八〇年代に京都で暮らしていた頃、まだ結婚前の妻と何度か神戸に泊まった。「ホテル・ヒルトン」というホテルが定宿だった。世界に名高きホテル・チェーンではなく、ラブホテルだ。宿泊費が異常に安く、ロケーションが素晴らしい。風見鶏の館の南側、今は北野町広場になっている場所に、三宮を見下ろすように建っていた。夜は（当時はまだそう呼ばれてはいなかった）北野坂の先に、「ホテル・ヒルトン」という白いネオンだけが輝いていた。いつもメゾネット仕様の部屋に泊まり、眼下に夜景を眺めた。思えば贅沢な話だ。

このホテルがいつ取り壊されたかは覚えていないが、八五年にはまだ健在だった。その年の九月十一日、私はここに泊まり、テレビで三浦和義が逮捕されるニュースを見ていた。

いいところ

——聚楽館［新開地］（一九七八年閉館）

えーとこ、えーとこ、聚楽館《しゅうらくかん》のお話。この文章を書く前に、「聚楽館」についてウィキペディアで調べてみたところ、まず驚かされたのは〝正式には「じゅらくかん」であるが、市民は「しゅうらっかん」と呼んでおり、それが正式名称となった〟という記述だ。マリリン・モンローもどきが〝ジュラクよ〜〟とキメる関東ローカルＣＭで知られるホテル聚楽《じゅらく》と元々は同じ名前だったのだ。

一九一三年、東京の帝国劇場を模して建てられたアールデコ調の巨大な建築は、新開地の文字通りのランドマークとして七八年まで威容を誇った。現在のラウンドワン新開地店が建つ場所である。演劇から映画へと転向、その半生記を越えた歴史の最後の最後、数えるほど数年間だけ、私もお世話になった。

七三年には『燃えよドラゴン』、七四年には『エクソシスト』、七五年には『ジョーズ』という強力な三本をここで観た。『燃えよドラゴン』からは〝戦わずして勝つ方法〟を、『エクソシスト』からは〝悪魔のしつこさ〟を、『ジョーズ』からは〝バタ足の重要性〟をそれぞれ学んだ。高倉健とロバート・ミッチャムが共演した『ザ・ヤクザ』(七四年)もここで観た。私にとって聚楽館は、ソウル・バスのデザインによる七〇年代のワーナー・ブラーザーズ社のロゴ・タイトルの印象がある。『アルゴ』(二〇一二年)でも再使用された、〝逆スラッシュ、逆スラッシュ、短い逆スラッシュ〟の「W」のロゴには今も胸がきゅんとなる。

映画館の階上のスケートリンクから水漏れもあったらしい。劇場の入り口には、当時、観光地でよく見られた「宝石の抽選」もあった。いつもガムのような甘ったるい匂いがした。

東映映画『まむしの兄弟 恐喝三億円』(一九七三年)は聚楽館前のロケで大団円を迎える。商店街を挟んで「阪本薬局」が見える。上映中の映画は同じく七三年公開の『ワイルド・アパッチ』。まさに私が慣れ親しんだ頃の聚楽館がそこにある。鈴木則文監督に感謝したい。

ご覧の成人映画は

——成人映画館

中学、高校生のとき、頻繁に成人映画を観に行った。いくつかの映画館に通ったが、それぞれ劇場の名前を覚えていないどころか、当時もまったく意識していなかった。と、書きながら、なんとなく思い出したのが三十年以上前、関西テレビで放映されていた「映画の窓」という番組。関西圏で公開される映画と、映画館の情報をアナウンサーが読み上げる十分ちょいの低予算番組だ。ロードショー作品から名画座でのリバイバルまで紹介され、そこには成人映画も含まれていた。ただし、成人映画だけは作品名は口に出されることなく「ご覧の成人映画はご覧の劇場でただいま上映中です」とナレーションされるのであった。

通った**成人映画館**は今、すべて残ってはいない。阪神大石駅から山側に歩いて数分、2号線に面した劇場の名前が「大石富士映劇」だったことは、今、ネットで知った。

ここで『戦後猟奇犯罪史』（一九七六年）を観た。「テレビ三面記事　ウィークエンダー」風のつくりで、泉ピン子が本人として出ていた。JR六甲道駅からすぐ北側にあったのは「六甲東映」で、阪神青木駅の山側、線路沿いにあったのは「大和映劇」という名前……だったのか。

いつも上映している作品名も上映時間も気にせず、映画館に入っていく。ドアを開けたら「からみ」のシーンか、そうでないか、なんて自分で賭けたりもした。そんな、いい加減な観方をしながら、長谷部安春、小沼勝、根岸吉太郎と、気に入った映画の監督だけはメモをして帰った。『恋人たちは濡れた』（七三年）や、『おんなの細道　濡れた海峡』（八〇年）には、『男はつらいよ』シリーズよりよほどストレートに、まだ自分の中で目覚める前の旅情を刺激された。

洋モノも観た。たしか三宮の「新アサヒ」で『ディープスロート』（七五年）を観た。『エマニエル夫人』（七四年）も『東京エマニエル夫人』（七五年）もそれぞれ公開時に観た。優秀な未成年だった。

チープシックを履き違え

——サトーブラザーズ【西元町】

（閉店時期不明）

元町商店街五丁目の南側。走水《はしうど》神社の小さな参道の隣に、米軍払い下げの衣服や日用雑貨を売る店「サトーブラザーズ」があった。一九七〇年代の中ごろには『メイド・イン・USAカタログ』や、小林泰彦の『ヘビーデューティーの本』や、創刊当時の『POPEYE』などが出揃い、かなり時代的には〝ジャスト〟だったはずだが、この店を知ったばかりの中学生の私はファッションにまだ縁がなく、やたらサイズの大きなチノパンツや、硬くて使いにくそうな野球のグラブなどを手にとってみるくらいだった。埃っぽい店の空気と、独特な匂いを思い出そうとすると、ポール・マッカートニーの「ジャンク」の歌詞〝パラシュート、アーミー・ブーツ、二人用の寝袋……〟が思い浮かぶ。センチメンタルなジャンボリー。

主となる店が閉まったあとも、しばらくはその隣で「サトーブラザーズのおばちゃんの店」という名前でデッドストックのクリスマスのオーナメントなど細々《こまごま》した可愛いものを売っていたが、そこも閉まってしまった。通りの向かいにある「サトービニール」は健在で、今もオリジナルのビニール素材のバッグを販売している（現在は閉店）。

唯一、サトーブラザーズで買ったのを覚えているのは、オリーブグリーン色のトレンチ・コートだ。たぶん三千円くらいだった。七九年頃、パンクに夢中になった頃、フリクションのツネマツマサトシが同じ（ような）ものを着ていたのに憧れて、これを買った。妙に生地が薄く、防寒にはまったく向いてなかった。記憶の中でこのコートと、冬の京大西部講堂の寒さがセットになっている。

同じ時期、古着の黒いとんび（インバネスコート）も着ていた。こっちはかなり、暖かかったが、やたら重かった。胸に剣菱《けんびし》の酒の蓋をバッジにしてつけていた。無頼を気取っているつもりが、訳のわからないものになってしまった。当時の写真が残っていないことを喜ぶべきだろう。元町高架下の「しまや」という古着屋で買った。

ピープル・アー・ストレンジ

——新開地の記憶［新開地］

神戸高速鉄道の新開地駅、東側の改札前の書店、「神文館メトロ店」が無くなってしばらく経つ。降ろされたシャッターにも慣れてきた。聚楽館がラウンドワンになったようなことは例外として、新開地商店街は一軒ずつ、店単位で変化していく。そのせいで、目の前の店が以前は何だったかをいつも考えてしまう。この串カツ屋が、たしか喫茶モモタローだったかな、という風に。トランプの神経衰弱のようでもある。

クレイジーケンバンドの曲「LADY MUSTANG」には、〝バンドホテルのパーキング〟という歌詞が出てくる。バンドホテルは横浜の名所だが、一九九九年に取り壊され、跡地はMEGAドン・キホーテ山下公園店（現在は港山下総本店）になっている。横山剣さんはライヴのとき、〝ドン・キホーテのパーキング〟と歌詞を替えて歌うことがある。彼もまた日々、記憶の神経衰弱を繰り返す人なのだった。

神経衰弱の喩えを続けるなら、まれにカードを裏返し忘れたような場所もある。新開地商店街の中の教会「湊川伝道館」もそのひとつ。この前を通るたびに、まだ小学校に行くか、行かないかという頃のぼんやりした記憶が蘇る。

夜、父と母と三人でこの教会の前を歩いていると、酔っぱらいが喧嘩《けんか》をしていて顔から血を流していた。その頃ちょうど、教会を舞台とした怪談を『少年マガジン』で読んだばかりだったのと、その前に行った柳原のえべっさんの見世物小屋の看板のイメージとが、ぐしゃぐしゃになって坊や（私）に押し寄せた。記憶の中にはドアーズのアルバム『まぼろしの世界』のジャケみたいな光景が残っている。

その後、三人で「湊川温泉劇場」に行った。家族風呂というものに入った気がする。温泉劇場は上崎書店《うえさきしょてん》の南門を曲がった先にあった。古本屋が浜側の路面に乱雑な本棚を出していて、向かいにストリップ小屋があった頃までは、温泉劇場を幻視することが出来た。

本屋で過ごした時間
——海文堂書店［元町］（二〇一三年閉店）

元町通三丁目の「海文堂書店《かいぶんどうしょてん》」は二〇一三年九月に営業を終了した。閉店を知らせるニュースで、開業が一九一四年（大正三年）で、百周年を迎える直前だとはじめて知った。

『海会《かいえ》』や『ほんまに』など積極的にミニコミを発行していたり、帆船《はんせん》柄のブックカバーのデザインが「書皮《しょひ》大賞」に選ばれたり、四店の古書店を招いて「元町・古書波止場」を店内に常設したり、新刊書棚と並んでちんき堂の書棚があったり……と、二十一世紀になってからも、楽しげな動きがあったため、閉店のニュースは文字通り、寝耳に水だった。

悲しい、残念、それより先に、困った、という言葉が出た。拙書をいつも仕入れて棚に置いてくれる本屋が無くなってしまった。理想的な待ち合わせ場所がひとつ減った。

海文堂書店のいいところを説明するのは少し難しい。例えば京都の恵文社一乗寺店《けいぶんしゃいちじょうじてん》のように、誰の目にも分かる特性はない。少し人口のある町ならどこにでも一軒はある（あった）、普通の大型書店である。気楽な面構えをしながら、それぞれの棚にはしっかり気が通っていた。親しみと頼もしさがあった。恵文社は京都ならではの本屋であり、海文堂もまた神戸ならではの本屋だった。

一四年の春、神戸新聞の朝刊一面に「海文堂〝復活〟神戸市が検討」という記事が出たが、それ以後の展開をまだ耳にしていない。

大丸の北側にあった日東館書林《にっとうかんしょりん》や、三宮センター街の漢口堂書店《かんこうどうしょてん》など、無くなってしまった本屋をたまに思い出す。そこで具体的にどんな本を買ったかということよりも、店内をぶらぶらしていた記憶が蘇る。元町商店街の丸善然り。棚の並びは忘れたが、トイレがあった場所は覚えていたりする。丸善からの連想で、洋雑誌を扱っていた神戸国際ホテル（国際会館）の小さな書店も……そこで一冊も買ってはいないくせに……たまに思い出す。

かもめが翔んだ日

――映画のチラシ

ダチョウ倶楽部、上島竜兵さんは一九六一年一月二十日生まれ。私（六二年一月二十五日）のちょうど一年先輩。学生時代に神戸で育った彼は『映画秘宝』二〇〇九年七月号で〝映画青年だったころ〟を語っている。

要約すると「学校サボって、阪急文化（神戸阪急ビル東館の五階にあった名画館）の三本立て三百円をよく観た。入れ替え制ではなかったので、ロビーで弁当食って、一日中、映画館にいた。高校のとき、神代辰巳《くましろたつみ》の特集で観た『赫《あか》い髪の女』に感動して、『キネマ旬報』に評論を投稿するも掲載はされず。『青春の殺人者』（一九七六年）が好きで、『サード』（七八年）、『不連続殺人事件』（七七年）などATG作品もよく観た」。

それって俺じゃん！　ひょっとすると「阪急文化」へのエレベーターで顔をあわせていたかもしれない。「阪急文化」と同じビルの四階にはロードショー館の「阪急会館」、二階には「阪急シネマ」があった。三館とも、阪急電車の線路とモロに隣接していたため、上映中に容赦なく電車の重い走行音が鳴り響いた。『大地震』（七四年）の〝センサラウンド方式〟〔注16〕も真っ青である。

七〇年代の数年間に公開された映画の〝ほとんどを体験した〟と今も錯覚しているのは、中学のときに夢中になったチラシ蒐集のせいだろう。学校帰りに「阪急会館」、「新聞会館大劇場」、「神戸国際松竹」、「三宮東映プラザ」などを回って二、三人の友人たちと競いあうようにロードショー作品のチラシを蒐《あつ》めまくった。

蒐めるとは言っても、ただ映画館からチラシを持って帰るだけだった。次第に持って帰る枚数もエスカレートした。『かもめのジョナサン』（七四年）のチラシを百枚近くの束で取ってきたときには、さすがに怖くなった。たしか、交通センタービルだったか、高いビルの窓から花咲かじいさんのようにチラシを投げ落とした。私にはユーチューバーを貶《おとし》める資格などない。今も映画のチラシを見ると、三宮の空を舞う（たぶん、舞ってなどいなかった）カモメを思い浮かべる。

ロックは無用

――喫茶カウボーイ［阪急六甲］

（一九九〇年頃閉店）

「喫茶カウボーイ」は阪急電鉄六甲駅の南、八幡《やはた》神社の東の住宅街で一九七〇年十二月から約二十年営業していた。店はマンションのガレージを改造したもの。店の前には「ロックの好きな人、入店お断り」と貼り紙がある。板をノミで彫った手製の看板がかかったドアを開けると、二十畳ほどの部屋に蛍光灯だけの薄暗い店内。煙草とニスの臭い漂う部屋にはカウンターとテーブル席があり、洋書や楽器など置かれているものすべてが煤《すす》け、汚れている。電話はおろか、ガスもない。夏でもエアコンを入れず、ヤッケを着た五十歳ほどの店主が灯油のコンロに火のついた新聞紙を入れ、湯を沸かし、濃いコーヒーを剝げたマグカップに淹れてくれる。おもむろにギターを取り出した店主は、ヨーデルまじりのカウボーイ・ソングを歌い始める。一度足を踏み入れた人は、その人なりの価値観をともなった記憶とともに一生忘れることが出来ない、そんな強烈な個性を持った店……だったらしい。結局、私はこの店に行くことはなかった。中村よお著『バー70's で乾杯』（ビレッジプレス）やインターネットに書かれた複数の情報から店の情景を想像するばかりだ。

店主の進藤政行さんは米国の西部小説のマニアで、原書二百冊を読破し、『西部夜話』など著作もある。今、私の手元には翻訳小説『マッコード』と、彼が歌い演奏するカウボーイ・ソングを収録したソノシートがある。最初は奇妙な歌声を単純に面白がっていたが、『アンソロジー・オブ・アメリカン・フォーク・ミュージック』［注17］を経由した耳には、更にすんなりと入ってくる。九二年の夏、六甲道にあったライヴ喫茶「春待ち疲れBAND」に、芦屋に越された進藤さんが出演されるという話を聞いて観にいったが、残念ながら、その日は病欠された。よくよくカウボーイとは縁がなかった。縁がなかった、とは言うものの、かつてその店があった場所は、私のマンションのベランダからボールを投げると届くほどの距離なのだった。

ヒー・ワズ

――寶田さんのこと

寶田喜宏《たからだよしひろ》さんは、南方の島の出身で、子供のころは列車を見たことがなかった、とご本人から聞いたことがある。

私が京都で作っていたミニコミ『3ちゃんロック』を神戸で扱ってくれた店のひとつが、寶田さんのやっていた「ホッテントット　ガラパゴス」という古着屋だった。数十冊を仕入れていただき、売ってくれた。新しい号に広告まで出してくれた。

これと前後して、寶田さんはフリーペーパー『花形文化通信』に須磨界隈についての不思議な文章を寄稿されていて、それが面白かった。一九九〇年代に、私が神戸に戻ってから、いろいろと話すようになった。同じ年だったと思うが、記憶違いかもしれない。

いつ、どこで逢っても、寶田さんはアシンメトリーな髪型で、とても先鋭的なファッションに身を包んでいた。ある日、「今日はお洒落やね」と軽口をかけると、「僕はいつもお洒落」と返された。彼が関わった元町高架下のクラブ「ゾンネ」の話は次頁で書く。

古着屋「アダージョ」を経て、大阪のアメリカ村でレコード屋「人類レコード」を開いた。ニューウェイヴ、プログレ、フリー・ジャズ、現代音楽からオペラと、寶田さんの博識と尽きることなき好奇心を反映した品揃えだった。近所のレコード卸業の会社で働いていた私は週に一度、納品に行った。気に入ったCDを何度も仕入れ、お客さんに直に薦めるという姿勢は、数年後に店を閉めるまで一貫していた。店の晩年は、いつもニック・ドレイクの『ブライター・レイター』が流れていた。ひょっとすると、すでに身体を壊されていたのかもしれない。闘病の末、二〇〇五年三月に寶田さんは永眠された。

数ヶ月後、奥さんの聡理《さとり》さんから、球型の白いラジオ「パナペット70」を頂いた。その万博世代にはたまらない未来的なフォルムの、いかにも寶田さんらしい形見だ。その聡理さんも亡くなられた。

丸く白いラジオはずっと我が家の玄関に吊るされている。

部室

――ゾンネ【元町】（二〇一一年閉店）

元町高架通商店街、モトコー二番街の古着屋の二階にクラブ「ゾンネ」はあった。内門洋さんと組んでいたDJユニット＝サウンドバビッチではじめてこの店に出たのはたぶん一九九四年のこと。月一回のレギュラー出演で、文字通り、ホームグラウンドになった。

狭い店で、階段を上がって扉を開けると、すぐダンスフロアだった。当然、チルアウトするスペースもなく、踊るしかないという作りだ。実際、みんなよく踊っていた。後にバンド、ヌーヌを結成する、ケロちゃん、ハーさん、マルちゃんの三人は常連だった。いつも店番を務めていた寶田喜宏さんも紙パックの「鬼ころし」をちゅうちゅうストローで飲みながら、踊っていた。

洋楽、邦楽、古いの、新しいのを問わず、ごちゃ混ぜの選曲で廻すのがサウンドバビッチの流儀。高架下で、百円で買ってきたばかりのレコードをかけたり、レンタルしてきたCDを廻したりもした。家で友だちとレコードを聴いて過ごす時間の延長線上にゾンネがあった。矢倉邦晃さんや吉村智樹さんもよくゲスト参加してくれた。ショーティ・ロングの「ヒア・カムズ・ザ・ジャッジ」を廻すと、必ずスタッフの北秋さんが踊ってくれた。彼が同じゾンネでこの頃からはじめたノーザン・ソウルのイベント「ヌード・レストラン」は二十年を越えて、未だ継続している。栄町一丁目の「パブ・ケネス」のオーナーでもある。終演間際に、内門洋さんはレコードを廻しつつ、いつも全裸になるのだが、客として来ていた井上さんも必ず一緒に全裸になって踊った。当時、姫路の大学生だった彼も、今は栄町二丁目のおでん屋「トクサン」を営業している。

レギュラーDJ以外の思い出も少なくない。特にメイヨ・トンプソンのライヴは忘れようがない。

ゾンネとの蜜月は実質一年ほどだった。打ち上げで何度か使ったJR元町駅北側の巨木喫茶（！）「水野」も、今はもうない。

ホテル ヒルトン

第一劇場
ストリップ
ストリップキング
神戸第一劇場

P230「ホテル・ヒルトン」1975〜76年（昭和50〜51年）ごろ

永田さんのこの一枚のおかげで「ホテル・ヒルトン」が幻ではなくなりました。

P231「新開地神戸第一劇場」2006年

このストリップ劇場にも何度か行きました。10年前まで健在だったことを証明する一枚。

第五章　神戸育ちのてぃーんずぶるーす

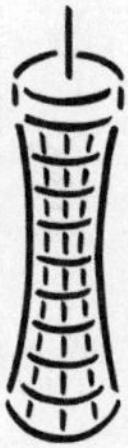

ダスト・シュート

――神戸育ちのてぃーんずぶるーす・その1

一九六二年の一月二十五日の木曜日、私は会社員、安田昇と、妻、加代の第一子として兵庫区の川崎病院で生まれた。長田区の房王寺《ぼうおうじ》から、垂水区の滝の茶屋、さらに西宮市用海町《ようかい》と引っ越して、再び神戸市葺合区《ふきあい》(現中央区)に戻った。

六七年頃に、若菜通五丁目に出来たばかりの五階建て市営住宅の最上階に越した。それまでの文化住宅や、〝ボロ家の春秋〟みたいな貸家から比べると革新的にモダンな住居だったが、今にして思えば、ゴミを一階まで落下させるダスト・シュートなんて野蛮の極みである。エレベーターも無かったが、五階までの階段も苦としなかった。

ここから明照幼稚園、そして若菜小学校へ通った、ということは七~八年住んだ。国鉄の北側に建つ市営住宅の山側には住宅街、浜側には下町があり、ちょうど文化の分岐点のような場所だった。

記憶の多くは浜側にある。町に貼られていた韓国語の新聞は漢字だらけでハングル文字はまだわずかだった。強烈な匂いを放つ一角があり、そこが鯨の加工工場だと誰かに教えてもらった。

母に連れられて毎日、大安亭市場に通った。食料スーパーにむき出しで置かれた大きな味噌樽が、ちょうど幼稚園児の目線の高さにあり、よく指ですくって舐めた。不衛生にもほどがある。

上部が噴水型になったソーダの自動販売機。バナナだけ売っている店。卵だけ売っている店。鯨肉だけ売っている店。いちいち思い出すとキリがない。買い物を頼まれるようになると、釣り銭で串に刺されたホルモン焼きを買い食いするのが愉しみだった。

大安亭市場のひとつひとつの店は変わったけれど、全体の雰囲気は今もまったく変わらない。澤穂希《さわほまれ》や川澄奈穂美《かわすみなほみ》など女子サッカーチーム、INAC神戸の選手がまだ一般的に知名度がない頃、この界隈に住み、よく利用していたということで話題になったときは、人間だけではなく、市場も長生きしてみるもんやなあ、と感心した。

震えるシャッター

——神戸育ちのてぃーんずぶるーす・その2

一九七四年、神戸市の公立中学は丸刈りが義務だった。それが嫌で私立の滝川中学に行かせてもらった。入学してすぐに両親が離婚。住み慣れた若菜通の市営住宅を離れることになった。

母と暮らすことを選んだのだが、最初の数ヶ月は母方の祖父、祖母が住む垂水区の滝の茶屋で暮らした。ここから山陽電車で板宿《いたやど》まで通学した。小学校の時、『チビっ子猛語録』（二見書房）で読んで、病気の一種だと誤解していた「Onanie」を把握したのはこの頃だ。

数ヶ月後、念願かなって、母とふたりの暮らしがはじまった。生田区（現中央区）は加納町二丁目のマンションで、建物は今も残っている。母は夕食の支度をした後、水商売に出て、深夜一時頃に帰宅する。その間の六～七時間ほどが完全に自分の時間だった。勉強などするわけがない。悪い仲間とつるむこともなく、ひとりで長い夜をめいっぱい楽しんだ。

自転車でフラワーロードの坂を一気に下れば二分で三宮の繁華街に着く。神戸の夜は早く、八時には商店は閉まっている。三宮センター街から元町商店街を自転車で駆け抜ける。風圧で閉じたシャッターをカタカタと震わせるのが気持ちいい。数十年後に聴いた、岡村靖幸「真夜中のサイクリング」の〝シャッターがガチャガチャと軋《きし》み泣いてる〟の歌詞にはドキッとした。

元町商店街で浮浪者が毎日、同じ柱の前に寝床を作るのを見て、〝家〟の概念を学んだ。東遊園地の噴水の前でナイター中継を携帯ラジオで聞いた。まだウォークマンはなかった。遅くまで開いているレコード屋が東門街にあった。酔っぱらいが歩きながら道にばらまく札を拾い集めて、その足でビートルズの再発盤を買いに行った。キャンディーズのアルバムを万引きして捕まったりもした。生田神社の奥の森では、近くのキャバレーのバンドマンがテナー・サックスのスケールを何度も練習していた。夜はいたずらに長かった。

太陽会館

——神戸育ちのてぃーんずぶるーす・その3

加納町二丁目のマンションに一年ほど住んだあと、東へ数百メートルの、葺合区（現中央区）二宮町の賃貸マンションに越した。ここでは自分の部屋をあてがわれた。一九七五年か七六年のことだ。

相変わらず、夜は自転車で繁華街をうろうろしていた。二宮商店街のアーケードの北口を抜けて、東に少し歩いた浜側に「太陽会館」という小さなストリップ劇場があった。十四歳のある夜、勇気を出してここに入った。もっとも大人っぽいコートの襟を立てて、出せる限りの低い声で受付の婆さんに「大人一枚」と言った。オトナは余計だった。何も言われず中へ通された。入場料は千円ちょいだった。

婆さんはモギリだけではなかった。踊り子も相当なものだった。だけど、そんなことはあまり問題ではなかった。慣れている風を装って、かぶりつきに座る。食入るように踊り子の中央を見ていると、両方の太ももで頭を挟まれ、まわりから小さな笑いが起こった。おかげで、この場に溶け込めたような気がした。終演が夜九時くらいで最後の一時間を切ると、入場料が五百円になる。そのサービスをよく利用して、何度も通った。

ひとりの踊り子が三曲のBGMを使用する。一曲目は着衣で踊り、二曲目で脱ぎ始め、三曲目でご開帳、というとてもオーソドックスな演《だ》し物《もの》だった。いろんな曲が使われていて、ここでレッド・ツェッペリンやサンタナを認識した。井上陽水の「愛は君」が使われた後、近所の本屋で立ち読みしていたら、客のひとりがそのメロディを口笛で吹いた。ああ、太陽会館帰りか、と、こっちが照れた。

マンションの近くに貸本屋があり、そこで青林堂から出ていた山上たつひこ『喜劇新思想大系』のシリーズを繰り返し借りて読んだ。

テレビは「金曜スペシャル」を一週間の楽しみにしていた。シカゴの女刑務所のドキュメンタリーで流れるピンク・フロイドの「虚空のスキャット」を聴いて感動した。

四つ球のビリヤード

――神戸育ちのてぃーんずぶるーす・その4

母とふたりだけで暮らしていたのは二、三年のことだった。思えばまだ彼女は三十代半ば。ボーイフレンドがいたのも当然のことだ。〝他人にきかれりゃお前のことを、年のはなれた妹と〟は、金田たつえ「花街の母」の歌い出しだが、妹を弟に替えて母と私はこれを実践していた。そんな言葉を鵜呑《うの》みにする男たちを馬鹿だなあ、と思っていたし、嘘を共有することで、母とちょっとした共犯関係を持てることが楽しくってしょうがなかった。

ボーイフレンドのひとりがケンちゃんで、二宮町のマンションによく来ていた。母が夜の仕事をしている間、なんだかんだと一緒に時間を過ごした。角刈りで、色白の肌には刺青が入っていたけど、絵柄は忘れてしまった。夏は着ていたアロハシャツを脱いで、それを椅子にかけていた。ある夜、アロハの胸ポケットから覗く札束の一枚をそっと抜いて、春日野道商店街の次男坊レコードに自転車を飛ばして、クイーンのアルバムを四枚まで一気に揃えたりした。サンテレビのナイター中継で一緒に阪神タイガースを応援しつつも、野球賭博で相手チームに賭けていた。プレスリーが好きで、その魅力を力説されたが、口で説明されるのには限界があった。

近所の貸本屋で、『のたり松太郎』を借りて一緒に読んだ。『あしたのジョー』を借りようとすると、それは持っておけ、と講談社コミックスの全巻二十冊を買ってくれたりした。

阪急三宮駅の北側にあったビリヤード場に行った。四つ球を教えてくれた。白と赤の球をふたつずつ、計四つの球で、ちびちび突いて点を稼いでいく地味さが私の性にも合っていて、かなりハマった。今、ほとんどのビリヤード場にはポケットビリヤードしかない。

突然、ケンちゃんはいなくなった。母はそれに一言も触れないし、もちろん私からも何も聞かなかった。

すっかり忘れていたことも、書いてみると思い出すものだ。

通学電車

——神戸育ちのてぃーんずぶるーす・その5

加納町や二宮町に住んでいたときは、三宮までは自転車に乗って、阪急三宮から山陽電車の板宿駅まで電車で通った。

男子校で、詰め襟の学生服を着ていた。まわりは、ちょっと余裕がある家庭の、ボンボンみたいな奴ばかりだった。みんな見るからに勉強が出来なくて、喧嘩も弱そうだった。実際、馬鹿で弱かった。

そういうオーラが表に出ていたのだろう。ある朝、三宮駅で電車を待っているとき、臀部《でんぶ》に激痛が走った。振り向くと、他校のいかにも悪そうな男がこちらも見ずに悠然と去っていく後ろ姿が見えた。ああ、機嫌が悪くて廻し蹴りしたのだな、と納得した。

その朝一回のことだったが、その頃の私はサンドバッグが似合っていた。

学校帰りは友だちと板宿駅前の山陽そばで小腹を満たし、意味も無く途中の駅で降りて、ホームのベンチでだらだら時間を過ごした。

今は地下に潜ってしまったが、山陽電車の西代駅《にしだい》もよく使った。数年前に、駅前の「タカヤナギ商店」という〝朝早くから酒が呑める駄菓子屋〟のカウンターで呑んでいると女店主から「今、あんたが座ってるところ、昔の西代駅のホーム」と教えられた。当時、どんなことを話していたか忘れてしまったが、画《え》の記憶だけは蘇った。

ある日、二、三人の同級生と新開地駅のベンチでいたときに、誰かが「阪急電車の連結部分に立って乗ることが出来るか」と言い出した。その頃の阪急電車の、車両と車両を行き来するジャバラ式の貫通路の外側には、ちょうど手と足をかけるのに最適なステップがあった。乗っていても車中からは見えないし、高速神戸駅までは地下なので、ほとんど人目に付くことはない。迷うことなく、ひとりずつ実践してみた。カーブで車両と車両が狭くなるのが恐くて、大声で歌った。車掌に見つからないように乗り降りするのに神経を使った。数日間、この遊びを繰り返した。通報されたり、事故が起こる前に飽きて止めた。動画を投稿する時代じゃなくて良かった。

サボタージュ

――神戸育ちのてぃーんずぶるーす・その6

高校にあがるころ、母は再婚、新しい父と三人の暮らしがはじまった。まず灘区備《びん》後町《ごちょう》のマンションに越し、数年後、阪神魚崎《うおざき》の集合住宅に移った。そこから、山陽電車の板宿駅近くの学校に通った。

学校の成績はひどかった。大学進学を諦めて、高校三年の春か夏の時点で広告代理店への就職を決めた。

進路が決まってから、さぼりにさぼった。朝は一応、家を出る。電車が板宿駅に着いても、そのまま降りずに、須磨駅まで。駅の近くで五〇〇ミリの缶ビールとコロッケを買い、須磨海岸に出て浜辺でちびちび。誰もいない海で、大声で桑田佳祐やジョニー・ロットンの真似をした。小さな声でブライアン・フェリーも真似てみた。『プレイガイドジャーナル』で名画座の番組を調べる。三宮に出て本屋で立ち読み、京町にあったテクニクスのショールームでレコードを視聴したりして時間を潰し、映画を観て帰る。三宮センタープラザの十階にあったレコード屋「ウッドストック」にもよく行った。狭い店で三千円を越える高価なイギリス盤のアルバムのジャケットを飽きずに眺めていた。

よく、これで卒業出来たものだ。とにかく、学校から離れられること、それだけが嬉しくてしょうがなかった。

阪神魚崎駅から新大阪へ出勤した。二ヶ月ほど働いて、音を上げた。さすがに家にいるわけにはいかなくなり、一九八〇年の初夏、十八年住み慣れた神戸を離れて、京都でひとり暮らしをはじめた。京都を選んだのは、高校三年ではじめてつきあった女の子が滋賀に住んでいたことと、レコード屋、バンド、ライヴハウス、そして、パンクやニューウェイヴを聴く友人が多かったからだ。すぐにレコード屋でバイトをはじめた。しばらくして、バンドに誘われ、吹けないサックスを吹いた。私のような青年にとって、刺激と緩さが入り混じった京都はとても居心地がよかった。神戸は〝遊びに行く町〟になった。

神戸に戻る

——神戸育ちのてぃーんずぶるーす・その7

一九八〇年代をまるまる京都で過ごした。

すでに音楽誌や情報誌の依頼を請けて、原稿を書きお金をいただく、という現在の本業に連なる仕事もはじめてはいたが、まだ、とても職業と呼べるシロモノではなかった。

京都は東山区、今熊野《いまくまの》のアパートに住み、長らくおつき合いしている由佳里さんとそろそろ結婚するべき時期なのだが、相変わらず、月給十万円のレコード屋のバイト収入ではなにひとつ先に進まない。

そこで、神戸に戻って、母が再婚した義父の経営するタクシー会社に就職することに決めた。経理など総務の仕事をする予定だったが、京都で運転免許を取得した。

九一年六月十三日、新神戸オリエンタルホテルで結婚式を挙げた。二十八歳だった。

五年後に、暴力団の幹部がラウンジで射殺される事件があり、ホテルの名前は全国的に知られるようになったが、今は、ANAクラウンプラザと名を変えて営業を続けている。

一ヶ月、アメリカに新婚旅行に行った。帰って、不動産屋で前もって探しておいた阪急六甲のマンションに越した。四階建の最上階の角部屋で、いびつな部屋構成だった。とくに夜になると風の音が強く、生まれてはじめて六甲おろしを実感することになった。

三月十一日にタクシー会社に入社。八月三十一日に退社する。十年前、就職したばかりの会社を二ヶ月で辞めたのと、まったく同じ轍《わだち》を踏んでしまった。義父には本当に迷惑をかけた。運転免許取得、結婚式、引っ越し、新居の敷金、新婚旅行の旅費など、その大部分を負担していただいた末に、恩を仇で返すような真似をしてしまった。二〇一四年に亡くなるまで、お詫びも、まともにお礼も言えなかった。

会社の車でよく神戸をドライヴした。もとは営業車だったのを改造した車で、運転席からスイッチひとつで後部座席のドアを自動で開閉することが出来た。用もないのに、開けたり、閉めたりした。

ア・ロンゲスト・デイ

——神戸育ちのてぃーんずぶるーす・その8

阪神・淡路大震災に遭ったのは、灘区八幡町二丁目の古いマンション。今住んでいるところから歩いて二分とかからない場所だ。

その夜はJR元町駅前のビデオ屋で借りたVHSで映画『デス・レース2000年』を観て寝た。一九九五年一月十七日、火曜日の早朝、夢精に似た感覚で目が覚める。何も出ていなかった。まだ四時。また、うとうとしていると、午前五時四十六分に地震が起きる。最初はマンションの一階に巨大なダンプカーが突っ込んだ、と思った。

いきなり停電。まだ暗い部屋を手探りで三分かけてトイレへ。まずは放尿する。食器棚、本棚、鉄製のラックなど立っているもののすべてが倒れ、テレビ、電子レンジなどは元の場所から数メートル吹っ飛んでいた。懐中電灯に辿り着くまで数枚のCD

のケースを踏み壊す。美空ひばりの三十五枚組『今日の我に明日は勝つ』のケースを足場になんとか屋外へ。車で安否を確かめに来た両親に、マンションの上から無事を伝える。

屋上に出て数百メートル離れた場所から上がるいくつもの炎と煙を眺める。隣人の伊藤さんからローソクをいただく。部屋に帰るも、何から手をつけていいものかわからない。なぜか、脳内で八神純子《やがみじゅんこ》「パープルタウン」の〝ニューヨーク〟という箇所が繰り返される。それを妻に伝えると、彼女の中ではピチカート・ファイブ「ハッピー・サッド」がリピート再生されている、と言う。

とりあえずの片付けを終えると一瞬だけ電気が通じる。テレビではじめて神戸を中心とした地震だったことを知る。電話はこちらからはまったくかからない。田中知之さん、坂口修さんからそれぞれかかってきた電話が通じたので、妻の実家へ無事との伝言をお願いする。シドニーに住む友人、イアン・パールマンさんからも電話。バンヒロシさんからの電話では、大阪の職場へ、今日は会社を休みます、と伝言を頼む。再び停電。ひとりで外を歩いてみる。

ア・ロンゲスト・デイ、の続き

——神戸育ちのてぃーんずぶるーす・その9

通りを挟んだ文化住宅が全壊している。同じようなつくりの住宅で無事なところもある。路上駐車の車が燃えている。切れた電線が何本も道路に垂れ下がっている。高《こう》徳町《とくちょう》の六甲模型が倒れていた。

家に帰るとかなり片付けが進んでいた。ほとんど妻まかせだったが、唯一、大きな鉄製のスチール棚が倒れていたのを元に戻したことだけは褒められた。火事場の馬鹿力を実証してしまった。

余震が続く。いつも地面が揺れているような錯覚。昼過ぎに、妻とふたりで外に出る。叔母夫妻の家に寄ったあと、以前、学生生協でアルバイトをしていた神戸大学に向かう。

大学生協の売店は営業していて飲み物やカロリーメイトなどを買う。六甲台からところどころ煙をあげる神戸の町を眺める。ヘリコプターが低く舞う。空はとても青い。見知らぬ老人と言葉を交わす。

ふたたび部屋に戻り、簡単な食事を済ませる。収まらない余震に耐え切れず、神戸大学で夜を過ごすことにする。

その夜はまだ電気が通っていた。トイレの水も流れる。不思議なことに避難してきた人は少なかった。

暖房が効いた農学部の教室の床の上でコートを着たまま眠る。目は閉じてうとうとするが、余震で何度も目が覚める。いやおうなしに、近くで寝ていた家族が交わす会話が耳に入ってくる。「冷凍うさぎ」という言葉が耳に残る。

十八日、水曜日の朝を迎える。結局、十一時間ほど神大農学部で身体を休めた。ひとり、おにぎり二個の配給をいただく。

一旦、家に戻り、簡単に身支度をして、私の職場がある大阪に向かう。阪急神戸線の線路の上を三時間歩いて西宮北口へ。途中でカロリーメイトを食べる。同じように東へ移動する知人の顔を見て、ほっとする。西宮北口駅のホームの売店は開業していた。こんなに近い場所で、普通に〝物が売られている〟のが信じられなかった。

アナザー・デイ

——神戸育ちのてぃーんずぶるーす・その10

一九九五年一月十八日の水曜日、阪急電車で梅田に出る。地震で中止になったモダンチョキチョキズのライヴのスタッフが予約していたホテルの空き室に一泊させていただく。十九日、矢倉邦晃さんと会い、彼が借りていた天下茶屋のマンションを又貸ししてもらうことになる。二十日から南堀江のレコード卸し会社に出社。天下茶屋での生活は三月いっぱいまで続く。留守中の六甲のマンションには、自宅が被災して住めなくなった叔母夫妻に使ってもらった。叔母の和代さんには生まれてからずっと世話になっていたが、これではじめて少しだけ恩返し出来た。ちなみに和代さんはエルヴァイラに似ている。

ちょうど、この頃、『今週のテンチングス』という名の週刊誌を発行していた。雑誌と言うものの、二十人ほどの知人や編集者を相手にファックスでA4の原稿を送りつけるというシロモノで、いわば、現在のメール・マガジンの面倒くさい版だ。震災の間も一日も遅れずに、これを送り続けた。震災の日はそのことを書いたが、翌週からはレコードや古本を漁り、映画やテレビを観て、新しい喫茶店や食堂を探す、相変わらずの日々の報告に戻った。停電、断水、断ガス、交通マヒ……と一番大変な神戸から距離を置きながら、もっとも〝どうでもいい〟ことにだけ懸命になった。こんなことくらいで、私の〝いいかげんな日常〟が奪われてたまるか、と思った。

二〇一一年三月二十五日の金曜日。東北地方太平洋沖地震からちょうど二週間経った日に、東京から特殊コレクターのとみさわ昭仁《あきひと》さんが神戸に来た。面識はなかったがツイッターで来神を知り、古本市の会場でいきなりお声をおかけして、驚かせてしまった。具体的にそんな話をしたかどうか忘れたけど、あの日の自分をとみさわさんに勝手に重ねてしまった。まさしく、意気に感じる、というやつだ。

私が愛した神戸の多くのものは姿を消したけれど、神戸が面白くなくなったとは言わない。その言葉は必ず私に返ってくるのだ。

性病科・皮フ科
アベ医院
センター街東入る住友銀行裏
JEANS SHOP
NANAMI
ななみ
家庭の延長
皆様食堂

スカッと さわやか
DRINK FANTA
ファンタ
オレンジ
コクン！
スッキリ
ああ・・・
おいしい
Drink
Fanta
Coca-Cola
DRINK
Coca-Cola

発売中
3月5日公開
TRIPLETS
ザッツ

P254上「神戸港」1976年（昭和51年）
小学校の頃、艀《はしけ》で生活している家を覗いたら、テレビがあってとても驚いた。

P254下「三宮〜元町 高架下南側」1976年（昭和51年）
ジーンズショップのバタ臭い看板に目が奪われるが、その右隣り「家庭の延長 皆様食堂」に注目。

P255「三宮町」1977年（昭和52年）
看板の墓場。壁一面が立体コラージュのよう。なんて贅沢な風景なんだろう。

P256「旧朝日会館」1977年（昭和52年）
写真の中の映画の看板は大好物。「ザッツ・エンタテインメント」の「パート2」ですね。

P257「三宮駅近くのガード下」1975年（昭和50年）
刈り上げられた客の後頭部。使い込まれた松葉杖。もはや戦後ではない……とも言い切れない。

注

＊1 ダックテイルズ
CKBの横山剣が一九八四年にクールスR.C.脱退後に加入したロックバンド。解散の八八年まで参加。なおCKBのホームであるライブハウス長者町「FRIDAY」にはダックテイルズもレギュラー出演していた。

＊2 アマリリス
著者が八〇年代に参加していたバンド。今なお活動するボーカルのアリスセイラーは〝関西カルトヒロイン〟とも称される。二〇一〇年には佐藤薫（EP‐4）による全面監修で『アマリリス名曲大全集』が再発された。

＊3 ミナエンタウン
神戸市兵庫区新開地にある商業施設。湊川公園に位置し、地下には飲食店などが立ち並ぶ。

＊4 アップル
神戸、特に長田のお好み焼き店ならどこにでも置いている（逆に言えば他では見かけない）瓶入りジュース。ちなみに色は透明な黄色で、味はリンゴではなく、みかん水に近いもの。

＊5『ピントがボケる音』
二〇〇三年までの過去十五年間に様々な媒体で執筆された文章を収録した、著者初の単行本。装画は本秀康、序文は岸野雄一、帯推薦文は小西康陽。山本精一との対談も収録。

＊6 ロベルト・バルボン
一九五五年に阪急ブレーブスに入団、俊足で活躍したキューバ出身の元プロ野球選手。引退後も日本で生活を続け、七五年以降は通訳・球団職員。ギャグも交えた非常に流暢な関西弁を話すことで有名。二〇二三年没。

＊7 レンセイ製菓
モトコーを西に歩けば飛び込んでくるショーケース。創業七十年以上だった老舗の洋菓子店。店前に並んだ素朴でレトロで超安価なお菓子の数々は、まさに昭和の洋菓子の風情だったが、残念ながら閉店してしまった。

＊8 楯川陽二郎
ボアダムス、ゑでぃまあこん、花電車、グラインド・オーケストラ……等々、関西の音楽シーンを代表する数多のバンドで八〇年代より活動を続ける、日本屈指のドラマー。

＊9 矢倉邦晃
一九八九〜九七年まで活動したエンタテインメント集団〝モダンチョキチョキズ〟のリーダーで、現在も多岐にわたる活動を行う。著者とは「テクノ歌謡シリーズ」などの企画監修も行った。

＊10「ゆでめん」
一九七〇年発表のはっぴいえんどのファースト・アルバム「はっぴいえんど」の通称。ジャケットに描かれた看板の文字に由来する。

＊11 キングジョー
ガレージパンク愛好家。イラストレーター、DJなど。著書に画集『SINGLES GOING STEADY』、漫画『淀川ハートブレイカーズ』(森本ヨシアキ名義で原作。作画は須田信太郎)。共にプレスポップ刊。

＊12 トンカ書店
トンカ書店は二〇一八年十二月に閉店したが、店主の頓花恵さんは二〇一九年三月に元町通三丁目に花森書林を開店された。詳しくは「神戸、そして――文庫版あとがきにかえて」を参照。

＊13 永田収
神戸市須磨区在住の写真家。本書における印象的なモノクローム写真は、全て彼の作品である。また自身でも、神戸や大阪の下町歩きの写真誌『ＳＡＮＰＯ下町通信』を発行、執筆も手がけている。
＊14 神姫バス
兵庫県を中心に運行する路線バス。六十年を越える歴史を持つラジオ関西の番組「歌声は風にのって」は、かつては神姫バスグループ一社による提供だった。
＊15 沼田元氣
一九八〇年代より芸術家として活動をはじめ、八六年には渡米しアンディ・ウォーホルと邂逅《かいこう》。以降、写真、文筆、詩、アート、デザイン……と多彩な活動を行っている。著書も多種多数。
＊16 センサラウンド方式
専用スピーカーで低周波音波を発生させ、地震を疑似体験できるという音響効果。本作公開時には話題となりアカデミー音響賞も受賞したが、一九八〇年代以降は使われなくなった。
＊17『アンソロジー・オブ・アメリカン・フォーク・ミュージック』
一九二七〜三五年のＳＰ盤のアンソロジー。アメリカン・ルーツ・ミュージックの聖典的なコンピレーション。オリジナルは五二年発売だが、九〇年代以降にリイシューされ再び話題に。

暴力戦士　西東三鬼　――単行本版あとがきにかえて

『神戸、書いてどうなるのか』は「神戸」をテーマに書いた百と八つの文章が一冊になったものです。……って、二五二頁前に言いましたよね。失礼いたしました。

そこに書いたとおり、この本が安田謙一にとってはじめての書き下ろしとなります。書き下ろしといいつつ、一部だけ例外があります。編集者、須波由貴子さんと組んで数回、神戸についての取材原稿を書かせていただいたことがあり、その文章の一部をいくつか再利用している箇所もあります。三四頁の「思いつき」の項などです。ひょっとしたら読まれていて、「あれ、この文章……」と思い出されるかたがあるかもしれません。

ぴあ社の和久田善彦さんから「ガイドブックには載らない神戸案内」を作りたい、という電子メールをいただいたのは二〇一四年の十二月のこと。その時には自分の「神戸に対する〝ショボくれている〟&〝熱い〟想いを、どれだけポピュラリティーがあるものに出来るか、ということが心配」と返信しました。それから年末年始を経て、その問題に対する答えは、書くことで乗り越えるしかないかと考えて、三月の終わりから、九月までの半年間、一週間に五本というペースで原稿を入稿しました。

この、一本約八〇〇字という文量が思いがけなく多くて、それなりに苦労しました。七日のうち二日は休みなのですが、体感としてはほぼ毎日、この本に書く原稿のことばかり考えて過ごしました。自分で飽きないように、まったく傾向の異なる種類の原稿を並べて書いていきました。最初に入稿したのが「信そば 長野屋」（二二頁）で、冒頭の地理説明の文章のくどさに、ちゃんと文字を埋めなければ、という努力の跡が見えます。最後の入稿は「一宮神社から八宮神社を歩く」（二〇〇頁）で、こちらは、もう書くべきネタが尽きた、というような苦労の跡しか見えません。

もちろん、取り上げたお店や題材以外にも、神戸について〝語るべき〟ものは、ほかにいっぱいあります。ただ、書く〝きっかけ〟が見つかったもの、それがこの一〇八本というわけです。

「はじめに」にも書きましたが、書きはじめて数週間の心境はまさに「書いてどうなるのか」でした。それが、「書いてもいいかも」という心境に変わったのは、ほんの些細《ささい》なことからです。

取り上げる題材を、スマートフォンの「メモ」アプリに、思いついては入力し、原稿を書いては消去し、を繰り返していました。そしてある日、アプリを開くと、

暴力戦士

西東三鬼

と、ふたつの言葉が並んでいたのです。まったく違うふたつの言葉が神戸というキーワードで結ばれている。このカオスに興奮しました。三鬼の「鬼」の字が際立っています。しかも韻踏んでます。思いがけない偶然の産物を目にして、この本、アリかも、と感じたのです。

もうひとつ悩んだのは敬称をどうするか、ということ。普段は呼び捨てたり、「くん」づけしている人も、全員、「さん」で統一させていただきました。これは、「生活協同組合コープこうべ」を、「コープ（COOP）さん」と呼ぶ神戸人の流儀に則ったものです。

編集者の和久田善彦さんがいなければ、この本は生まれませんでした。（単行本の）カバーや表紙も手がけていただいた山内庸資さんのイラスト・マップのおかげで『ワンダフル・コウベ』など往年のガイド本のような装いになりました。永田収さんの写

真に写った風景は、私の記憶にあるものとは限らないのですが、この〝見たことがあるような、ないような〟という〝おぼろげ〟な感覚こそ、この本での私の文章によって読者に体験してほしいものでもあります。（単行本の）装丁・本文デザインは古くからつきあいのある工藤公洋さんにお願いしました。

単行本としては珍しくプロモーション・ヴィデオを撮影しました。真夏の炎天下の中で撮影を敢行し、素敵な映像を監督していただいたVIDEOTAPEMUSICさん、ナレーションを担当していただいたキングジョーさんにも感謝を申し上げます。あと、ヴィデオといえば、tofubeatsさんの「水星 feat. オノマトペ大臣」のPVに、この本を書く〝勢い〟を与えてもらったことを告白しておきます。

書きながら、〝サム・アー・デッド・アンド・サム・アー・リヴィング〟という言葉ばかりが何度も頭の中を駆け巡りました。

みなさまにはどんな音楽が聴こえてくるのでしょうか。

神戸、書いたらおどろいた!!

安田謙一（ロック漫筆家）

神戸、そして――文庫版あとがきにかえて

最初は「そして、神戸」という題を思いついた。「そして、神戸」という曲についてすでに書いていたこと（一六六頁）をすっかり忘れていた。それでは……と、「神戸、そして」とする。なんとなく「トイレその後に」みたいでもある。

「そして、神戸」といえば、この曲はもともと内山田洋とクール・ファイブではなく、奥村チヨ（作曲の浜圭介の奥さん）が歌う予定があったことを、『見上げてごらん夜の星を　音楽プロデューサー草野浩二伝』という本で知った。それはそれで聴いてみたいが、もしも、前川清があの声であの歌を歌っていなかったら、この本のタイトルは『神戸、書いてどうなるのか』になっていなかったと思う。

「暴力戦士　西東三鬼――単行本あとがきにかえて」（二六二頁）にも書いたけれど、編集者の和久田善彦さんがいなければ『神戸、書いてどうなるのか』は生まれなかった。本とともに、プロモーション・ヴィデオを監督してくれたVIDEOTAPEMUSICさんや、発行記念イベントをはじめ、幾度も対談相手になっていただき、さらに、こ

の文庫本に解説をお願いしたtofubeatsさんなども和久田さんからの紹介で出会うことが出来た。

あれから和久田さんは神戸に居を構え、家庭を持ち、平民金子『ごろごろ、神戸。』や森本アリ『旧グッゲンハイム邸物語』などユニークで優れた「神戸本」を編集された。さらに『トーフビーツの難聴日記』、さらにさらに『イニエスタ・ジャパン！日本に学んだ人生で大切なこと』（以上、ぴあ社）、も神戸本に加えたくなる。和久田さん、森本アリさんとは年に一度、元町の書店「１００３」で「スター千三夜」というその年に公開された映画にまつわるイベントを行っている。ついでに、旧グッゲンハイム邸では夏に「盆ボヤージュ」という、癖の強い友人たちがただただレコードを廻すだけの催事も恒例となっている。

二〇一七年のシーズンで放送が終わったラジオ関西の「夜のピンチヒッター」（一四六頁）のディレクター、中澤純一さんとは、Kiss FM KOBEで、「KOBE MUSIC ATLAS」という番組でも仕事をした。『神戸、書いてどうなるのか』に掲載した店や、さらに知らなかった店を巡るという内容で、「バー・ムーンライト」（三〇頁）の宍戸哲也さんに尋ねた「神戸の楽しみ方」に対する、「寂しいと思う時のさみしさを楽しんで欲しい」という答えが、今もなおじんわりと心に沁みる。

十年近く経って、無くなってしまった店も少なくない。和久田さんが考えた「ガイドブックには載らない神戸案内。」という秀逸なオビ惹句の「ガイドブック」的な要素から、日に日に遠ざかっている。阪神・淡路の震災から二十年目の二〇一五年に出たこの本は、うちの本棚に並ぶ『ナイト・イン・コーベ　神戸の味　神戸の夜』（日東館書林）や『神戸味覚地図』（創元社）と同じように、すでに「追憶の神戸本」というニュアンスを帯びてきている。それはそれで、という、著者と同じように想像力や妄想力が豊かな読者にとっては、この文庫本を「ガイドブックにはならない神戸案内。」として、これから先も愉しんでいただけると信じている。

二〇二四年秋に、神戸市バスの「普通区」の運賃が二一〇円から二三〇円に値上げされる。これが三十二年ぶり、ということで、震災をきっかけに、長らく値上げが見送られていたものである。言うまでもなく、地震で多くのものを失ったのだが、それと同時に、残ったものに対しての「スクラップ&ビルド」が見送られてきた（行政を主語とすれば、叶わなかった……となるのか）部分もあり、神戸には比較的「旧《ふる》いまま」、見過ごされているような場所がいくつか残っていた。その典型が元町高架下だった。

戦後の闇市をルーツとする、という説をもつ薄暗い空間は、昭和・平成とのらりくらり生き延びてきたが、二〇一八年、再整備の工事がはじまった。市バス料金と同じように、いよいよ「気づかれて」しまった感がある。

一三年から『あまから手帖』で「神戸のE面」という連載をはじめた。その第一回で神戸駅近くの「相一軒《あいいちけん》」について、こんな風に書いた。

「丸玉食堂」が無くなる。その大きな喪失を精神的に回避すべく、私はずっと、まだ「相一軒」があるじゃないか、と気持ちを持ち直した。女性が恋人と別れるとき、必ず新しい男を確保している、ということは昭和の義務教育で習ったような気がするが、今はどうだろう。その流儀に倣《なら》って丸玉食堂との別れを乗り越えた。

日々、こんな風に「しのぎ」つつ、神戸で暮らしている。

◆◆◆◆◆

この「文庫版あとがきにかえて」では、なにより先に森本（頓花《とんか》）恵《めぐみ》さんのことを書こうと考えていた。トンカ書店（一一八頁）の頓花恵さんは、結婚後、森本と姓を改め、出産され、二〇一九年二月、元町通三丁目に新たに「花森書林」をオープンされた。その後、癌《がん》を患われ、わずか四年後、二〇二三年五月二十八日に四十三歳で亡くなられた。いくつになっても追悼ベタというか、人の死に対する適切な言葉を見出せないまま、口ごもってしまうのだが、彼女の名前とともに、日々、お店に顔を出される人たちに心からの敬意を表したい。きまぐれに町を歩くだけの僕の何倍も、みなさん、それぞれが神戸だ。今も配達業のアルバイトを続けているが、軽自動車の車窓から、いい感じの喫茶店をみつけるたび、「頓花ちゃんに教えよう」と、しょっちゅう思い出す。なお、花森書林はいま、恵さんの面影を残す実弟の慎太郎さんが店に立たれている。

『神戸、書いてどうなるのか』を文庫本に、と発案された河内卓さんは、彼が以前、編集を手掛けられた牛島兄弟『だれかの映画史』という香ばしいリトルプレスから気になっていた人だった。本文と装丁のデザインは中村道高さんにお願いした。

表紙画を坂本慎太郎さんにお願いするとき、「文庫サイズで一目見て、神戸、とわかるような」ということと、彼のソロ曲「ディスコって」の7インチ・シングルのジャケと同じく「スプレー画」の手法で、という図々しいリクエストを出させていただいた。坂本さんについて書きたいことは山ほどあるが、ここでは『神戸、書いてどうなるのか』を読んで、ひとりで（！）ひっそりと、喫茶「思いつき」（三四頁）に行かれた、というエピソードを紹介しておこう。

私の母は義父に続いて、妹（私の伯母）、さらにその夫を数年間、自宅で看病し、それぞれを見送った。今はひとりの暮らしを健やかに満喫する彼女と、週に一度、一緒に食事をしたり、お茶を飲んだり、の時間を楽しんでいる。はじめて聞く話がいくつも飛び出した。

一九五七年、城崎《きのさき》から神戸に移り住んだ彼女が、『神戸百景』で知られる川西英宅の川崎町のご自宅に住み込みのお手伝いをしていたこと。

あるいは、私が生まれた六二年一月二十五日の前日、今は無くなった新開地大映で『雁の寺』（川島雄三監督、若尾文子主演）を観ていたことなどなど。

こんな、僕好みというか、「神戸と安田謙一とを結びつける」いい話を聞くたびに、なんで『神戸、書いてどうなるのか』を書く前に教えてくれないの、と悔しい思いをしてきた……。

……間にあいましたよ！

二〇二四年三月

安田謙一

解説「神戸、書いてどうなるのか」について書いてどうなるのか

tofubeats

神戸、書いてどうなるのか。単行本刊行時、安田さんがこのタイトルで書籍を出すと聞いて、なんて神戸のことを的確に表したタイトルなのだろうかと感動しました。神戸の人々が神戸に抱いている感情……いや、全ての人が地元に抱く感情はこういうものではないでしょうか。え、違う？　もし違ったら、本当にこの感情＝タイトルは、安田さんとわたし二人の「ジモト」である神戸を的確に表しているのかもしれません。

地元というのは誰にとっても選べるものではありません。好きとか嫌いとかでなく、「ジモト」というひとつの運命のようなものです。もし「ジモト」を離れても、人は二つ以上になることはできず、どこかひとつの場所を決めて生きることになります。その場所でどう生きるのか、安田さんが言うようにそこでどう「しのぐ」かは、いつ

も個々人に委《ゆだ》ねられています。誰もが持っているこの「ジモト」という場所へのなんとも言葉では言い表せない気持ち、まさに「書いてどうなるのか」わからないことを書いてみる……そんな実践がこの本には記録されています。

この実践を通じて「ジモト」のいろんな部分に改めて安田さんは（そして我々読者も）気づくことになります。知っているようで知らなかった「ジモト」の姿を安田さん自らが再発見するドキュメンタリーとして、あとは私トーフビーツとも近い「ジモト」で育った安田さん自身の生い立ちのドキュメンタリーとして、この本では「ジモト」へのふたつの視点が交差しています。神戸を知っている人にも知らない人にも、安田さんが感じた事柄を通じて、きっとリアルな神戸の姿が立ち現れてくるはずです。

申し遅れました、私はトーフビーツという名前で音楽制作やDJを生業にして生活している者です。安田さんにはライターとして、アルバムや書籍の発売時にインタビューをしてもらったりしています。まずは簡単に私と神戸の関係性について話させていただきます。

私トーフビーツこと河合佑亮《ゆうすけ》は神戸市西区の西神《せいしん》ニュータウン生まれ。同じく神戸出身の父と大阪出身の母により、これといって特徴の無い新興住宅地エリアで育ちました。そんな地元の無機質な学区をどうしても離れたくて西宮市の私学を受験させてもらい、中学からは三宮エリアを経由して通学するようになります。時を同じくして音楽を始め、少しずつ市内・市外といろんな地域に出向くようになりました。大学を卒業してからはメジャーデビューをしてプロのミュージシャンになり、そのまま三十歳目前まで東灘区を経由して神戸市中央区の下山手通に住んでいました。現在は結婚して都内に移り住み、今も都内に住んでいます。

『神戸、書いてどうなるのか』が出版された時はまだ神戸在住だったのですが、文庫本になったこの本を読み返していて「海文堂書店」の項目を読んでいると、神戸に住んでいたときの手触りのようなものが急にじわっと蘇ってきてノスタルジックな気持ちになりました。毎日散歩していた元町商店街やよく行っていた喫茶店、灘温泉や湊山温泉。東京に引っ越してからは味わえていないものばかりです。とにかく神戸は散歩しがいのある大好きな街でした。ただ、そんな散歩しがいがある街であることは、他の街に行くようになってから気づいたのですが。

自分はヒップホップというジャンルが音楽の入り口だったのですが、ヒップホップには「レペゼン（代表）」という考え方があります。これは英語の Represent のカタカナ語で、「自分は地元の代表をしているんだ」という態度とでも言えばいいでしょうか。まあ「どこどこ代表の誰々だ」という物言いはいわゆるヤンキー的なものでもあるのですが、同じ様式やサウンドを使った音楽ジャンルの中で他人との差異化をはかるなかで、他人と明らかに違う自分の運命≒「ジモト」というものは一つの強みであるといった風に、ヒップホップでは考えるわけですね。選べない運命を自分の強みとして消化しようとするこの考え方に、自分は大いに影響を受けました。

さて、そうなると自分におけるその運命、「ジモト」というものは一体何で、自分に何をもたらしてくれたのでしょうか。地方在住のミュージシャンとして東京や他の地方都市と神戸を往復しながら、そういったことを日々考えながら、音楽を作るようになりました。神戸についての曲を「書いてどうなるのか」いろいろと試してみたんですよね。

安田さんも二六五頁で挙げてくださっている「水星」という楽曲のミュージック・ビデオ（ポートタワーはじめ西神ニュータウンなどでもロケをしている）はまさしくそういうもののひとつで、神戸というものを自分の運命として肯定できないかという気持ちが込められています。楽曲自体の歌詞には「新宿」などといった言葉も登場しますが、ビデオを作る時に改めて神戸っぽさを出すことを監督に打診して、あの仕上がりになりました。

そんな神戸を打ち出した「水星」がスマッシュヒットし、ポートタワーが映るジャケットとビデオを引っ提《さ》げて全国各地にライブに行けるようになりました。神戸以外の土地に行けば神戸土産を持って行き、市外からの来客には神戸を案内し、神戸の店を紹介し、神戸の道を歩き……自分にとっての「神戸観」みたいなものがそれらを通じて形成されていく……はずだったのですが、探せば探すほどいまいち神戸全体を描写するような表現にはたどりつけないように感じてきたのです。

「水星」を撮影するときに使ったようなカッコつきの、広告になるようなイメージの「神戸」は、目の前にある実際の神戸と実はいつも重なり合っているわけではなく、そこには乖離《かいり》があるように感じます。実際神戸には下町のようなところ、親しみのあるところやオシャレでない場所もたくさんあるし、本書を読んで神戸へのイメージが変わった方も少なからずいるでしょう。

旧居留地やメリケンパークを歩いていると、本書にあるような親しみのある景色がすぐ近くにあることは感じられません。一つの街でありながら、そんなばらばらな景色(「モザイク状」とも言えるかもしれません)を持っているのが神戸なのです。そして、私はそんなばらばらな「ジモト」である神戸をうまく言葉で説明できない自分にもどかしさを感じていました。ただ本書を読んでいて、そんな「ばらばら」さこそが神戸について書く足掛かりになるのではないかと思ったのです。

どの街でも古いものはなくなり、新しいものに生まれ変わっていきます。ただ神戸には震災がありました。震災は、いくつかのものでそんなサイクルを早めたり、震災前に予想されていた未来を変化させました。そして神戸の人々に、「本当は神戸はこうなるはずだったんじゃないか」という、あり得た未来への気持ちを大なり小なり芽生えさせたのではないでしょうか。

その「こうなるはずだった」神戸というものは、神戸の人それぞれの中にそれぞれの形であって、それらの神戸と実際の神戸は違っており、その間にはスキマが存在しています。そして、そんなあり得た未来への気持ちを抱く神戸の人たちと実際の神戸の間にも、スキマが存在しているのです(このスキマが、安田さんに「私が愛した神戸の多くのものは姿を消した」と思わせたものの正体でもあると自分は推察します）。

しかし自分が思うに、神戸らしさというのはこのスキマなのです。

神戸の人々はそれぞれにそのスキマを感じていて、それがある意味神戸にしかない想像力へとつながっているように思います。また少し強引ですが、実際の神戸が山と海のスキマにある細長い街であったり、日本と海外のスキマ（旧居留地や南京町など）であったことなどからも、神戸らしさ＝スキマと言えるでしょう。

神戸の人は神戸が好きだし、愛しています。この街が何かの一番でなくても、思っていた未来がやって来なかったとしても、「神戸が面白くなくなったとは言わない」し、各々《おのおの》のスキマの中でやるべきことをやっているのです。また、この「各々」というのもポイントな気がします。

錨山や市章山が毎日あんなに「ＫＯＢＥ」と自らの街の名を誇らしげに掲げて光るのにそれらを気に留める人はあまりいませんし、団結のシンボルとして取り上げられることはあまりありません。また、神戸市の「ＢＥ ＫＯＢＥ」というコピーにも正直乗り切ることもできませんでした。自分は神戸の前に「ＢＥ」が付いていることで、人それぞれが持つスキマを埋めるよう働きかけられているような気がどうしてもしてしまいます。

昔、安田さんと神戸の話になった時に、「神戸の人はカッコ良いわけじゃないねんけど、カッコ悪いことが嫌いなんちゃうかな」と話していたことを今でもたまに思い出します。この言葉、なんてことない発言だったと思うのですが、自分にとっては神戸に住んでいる時にちょっとした指針になっていました。これこそスキマに生きる人の心意気なのだと。

神戸を歩いてみれば、ただ目の前にさまざまな場所がスッと存在していて、それぞれがつかず離れず、少しずつ変化しながら唯一の存在として在り続けていることに気付かされます。そしてそんな神戸のさまざまな場所と、それらと同じようにして生きる人々が好きです。強い連帯こそ無いけれど、それぞれがプライドを持って自分の船を漕いでいる……そんな風に自分もあの街で過ごせたら良いなと思っていました。安田さんや、この本で取り上げられているすべての神戸のものがそうであるように。

本書は、二〇一五年十一月にぴあ株式会社より刊行されました。文庫化にあたり、加筆修正のうえ、「神戸、そして——文庫版あとがきにかえて」と解説を新たに追加いたしました。

京都食堂探究 加藤政洋〈味覚地図〉研究会

きつねうどん、しっぽく、けいらん、のっぺい、衣笠丼、町中華……唯一無二である京都の食堂文化の謎を徹底研究。文庫オリジナル。

大阪 下町酒場列伝 井上理津子

夏はビールに刺身。冬は焼酎お湯割りにおでん。呑ん兵衛たちの喧騒の中に、ホッとする瞬間を求めて、歩きまわって捜した個性的な店の数々。

絶滅危惧個人商店 井上理津子

あなたの町にもきっとある！ 素晴らしき個人商店を訪ねて聞いた店主たちのヒストリー。駄菓子屋、銭湯などなど、いまだ健在なり。（北條一浩）

喫茶店の時代 林哲夫

人々が飲み物を楽しみ語り合う場所はどのようにして生まれたのか。コーヒーや茶の歴史、そして作家や文化人が集ったあの店この店を探る。（内堀弘）

酒場めざして 大川渉

東京の街をアッチコッチ歩いた後は、酒場で一杯！繁華街の隠れた名店、場末で見つけた驚きの店などを酒場の達人が紹介。（堀内恭）

多摩川飲み下り 大竹聡

始点は奥多摩、終点は川崎。多摩川に沿って歩き下っては、飲み屋で飲んだり、川原でツマミと缶チューハイ。28回にわたる大冒険。（高野秀行）

銀座の酒場を歩く 太田和彦

当代きっての居酒屋の達人がゆかりの街・銀座を呑み歩き。老舗のバーから蕎麦屋まで、銀座の酒場の粋と懐の深さに酔いしれた73軒。（村松友視）

東京路地裏暮景色 なぎら健壱

東京の街を歩き酒場の扉を開けば、あの頃の記憶と夢が蘇り、今の風景と交錯する。新宿、深川、銀座、浅草……文と写真で綴る私的東京町歩き。

おじさん酒場 増補新版 山田真由美文 なかむらるみ絵

いま行くべき居酒屋、ここにあり！ 居酒屋から始まる夜の冒険へ読者をご招待。さあ、読んで酒を飲もう。いい酒場に行こう。巻末の名店案内105も必見。

女将さん酒場 山田真由美

自分の店を構え、自ら料理をつくる。そんな人生を選んだ「女将さん」は、どんな思いを抱いて包丁を握るのか。新しい女性の仕事を描く書き下ろしルポ。

遊覧日記　武田百合子　武田花・写真

行きたい所へ行きたい時に、つれづれに出かけてゆく。一人で。または二人で。あちらこちらを遊覧しながら綴ったエッセイ集。（巖谷國士）

ことばの食卓　武田百合子　野中ユリ・画

なにげない日常の光景やキャラメル、枇杷など、食べものに関する昔の記憶と思い出を感性豊かな文章で綴ったエッセイ集。（種村季弘）

たべもの芳名録　神吉拓郎

食べ物の味は、思い出とちょっとのこだわりで、より奥が深くなる。「鮓」「天ぷら」「鮎」「カレー」……。食エッセイの古典的傑作。（大竹聡）

箸もてば　石田千

食べることは、いのちへの賛歌。日々の暮らしでめぐりあう四季の恵みと喜びを、滋味深くつづるエッセイ集。書下ろし四篇を新たに収録。（坂崎重盛）

イリノイ遠景近景　藤本和子

イリノイのドーナツ屋で盗み聞き、ベルリンでゴミ捨て中のヴァルガス・リョサと遭遇……話を聞き、考える。名翻訳者の傑作エッセイ。（岸本佐知子）

あしたから出版社　島田潤一郎

青春の悩める日々、創業への道のり、編集・装丁・営業の裏話、忘れがたい人たち……「ひとり出版社」を営む著者による心打つエッセイ。（頭木弘樹）

ガケ書房の頃　完全版　山下賢二

京都の個性派書店青春記。2004年の開店前からその後の展開まで。資金繰り、セレクトへの疑念など本音で綴る。帯文＝武田砂鉄（島田潤一郎）

すべての雑貨　三品輝起

「世界がじわじわと雑貨化している気がする」東京・西荻窪で雑貨店FALLを営む著者が、雑貨について、雑貨化する社会について考える。（荒内佑）

ねにもつタイプ　岸本佐知子

何となく気になることにこだわる、ねにもつ。思索、奇想、妄想はばたく脳内ワールドをリズミカルな名短文でつづる。第23回講談社エッセイ賞受賞。

イルカも泳ぐわい。　加納愛子

面白乱暴ひねくれ繊細鋭さ優しさ言葉への愛。Aマッソ加納の魅力全部のせ初エッセイが文庫に！書き下ろし「むらきゃみ」収録。（フワちゃん）

嫌ダッと言っても愛してやるさ！　遠藤ミチロウ

パンクロックの元祖ザ・スターリンのミチロウ初期エッセイ集。破壊的で抒情的な世界。未収録エッセイや歌詞も。帯文＝峯田和伸　（石井岳龍）

ぼくは本屋のおやじさん　早川義夫

22年間の書店としての苦労と、お客さんとの交流。どこにもありそうで、ない書店。30年来のロングセラー！　（大槻ケンヂ）

バーボン・ストリート・ブルース　高田渡

流行に迎合せず、グラス片手に飄々とうたい続け、いぶし銀のような輝きを放ちつつ逝った高田渡の酔いどれ人生、ここにあり。　（スズキコージ）

アンビエント・ドライヴァー　細野晴臣

はっぴいえんど、ＹＭＯ……日本のポップシーンで様々な花を咲かせ続ける著者の進化し続ける自己省察。帯文＝小山田圭吾　（テイ・トウワ）

中島らもエッセイ・コレクション　中島らも　小堀純編

小説家、戯曲家、ミュージシャンなど幅広い活躍で没後なお人気の中島らもの魅力を凝縮！　酒と文学とエンターテインメント。　（いとうせいこう）

殿山泰司ベスト・エッセイ　殿山泰司　大庭萱朗編

独自の文体と反骨精神で読者を魅了する性格俳優、故・殿山泰司の自伝エッセイ、撮影日記、ジャズ、政治評。未収録エッセイも多数！　（戌井昭人）

洲之内徹ベスト・エッセイ1　洲之内徹　椹木野衣編

凄惨な戦争体験に裏づけられた人間洞察と、定見を軽々と超えていく卓抜な文章で、美のなんたるかに肉薄する脅威の随想集。　（椹木野衣）

田中小実昌ベスト・エッセイ　田中小実昌　大庭萱朗編

東大哲学科を中退し、バーテン、香具師などを転々とし、飄々とした作風とミステリー翻訳で知られるコミさんの厳選されたエッセイ集。　（片岡義男）

向田邦子ベスト・エッセイ　向田邦子　向田和子編

いまも人々に読み継がれている向田邦子。その随筆の中から、家族、食、生き物、こだわりの品、旅、仕事、私……、といったテーマで選ぶ。　（角田光代）

高峰秀子ベスト・エッセイ　高峰秀子　斎藤明美編

複雑な家庭事情に翻弄され、芸能界で波瀾の人生を歩んだ大女優・高峰秀子。切れるような感性と洞察力で本質を衝いた傑作エッセイを精選。　（斎藤明美）

飛田ホテル　黒岩重吾
刑期を終えたやくざ者に起きた妻の失踪を追う表題作など、大阪のどん底で交わる男女の情と性。直木賞作家の傑作ミステリ短篇集。（難波利三）

西成山王ホテル　黒岩重吾
飛田、釜ヶ崎……、大阪のどん底で強かに生きる男女の哀切を直木賞作家が濃密に描く。『飛田ホテル』に続く西成シリーズ復刊第二弾。（花房観音）

飛田残月　黒岩重吾
飛田界隈をただよう流れ者たちの激情と吐息。酷薄さとやさしさの溶けあう筆致で淪落の者たちへの愛を描き切る傑作八篇。（小橋めぐみ）

南の島に雪が降る　加東大介
召集された俳優加東はニューギニアで死の淵をさまよう兵士たちを鼓舞するための劇団づくりを命じられる。感動の記録文学。（保阪正康・加藤晴之）

夢を食いつづけた男　植木等
俳優・植木等が描く父の人生。義太夫語りを目指し、のちに住職に。治安維持法違反で投獄されても平和と平等のために闘ってきた人生。（栗原康）

ゴジラ　香山滋
今も進化を続けるゴジラの原点。太古生命への讃仰、原水爆への怒りなどを込めた、原作者による小説・エッセイなどを集大成する。（竹内博）

銀幕に愛をこめて　ぼくはゴジラの同期生　宝田明　のむみち構成
華やかなスクリーンで大活躍したスタアが、ゴジラ誕生の思い出、撮影所の舞台裏、華麗なるミュージカルの世界、そして戦争体験を語った。（切通理作）

ウルトラマン誕生　実相寺昭雄
オタク文化の最高峰、ウルトラマンが初めて放送されてから40年。創造の秘密に迫る。スタッフたちの心意気、撮影所の雰囲気をいきいきと描く。

ウルトラ怪獣幻画館　実相寺昭雄
ジャミラ、ガヴァドン、メトロン星人など、ウルトラマンシリーズで人気怪獣を送り出した実相寺監督が書き残した怪獣画集。オールカラー。（樋口尚文）

万華鏡の女　女優ひし美ゆり子　ひし美ゆり子　樋口尚文
ウルトラセブンのアンヌ隊員を演じてから半世紀、いまも人気を誇る女優ひし美ゆり子。70年代には様々な映画にも出演した。女優活動の全貌を語る。

ちくま文庫

神戸《こうべ》、書《か》いてどうなるのか

二〇二四年六月十日　第一刷発行

著　者　安田謙一（やすだ・けんいち）
発行者　喜入冬子
発行所　株式会社　筑摩書房
東京都台東区蔵前二―五―三　〒一一一―八七五五
電話番号　〇三―五六八七―二六〇一（代表）
装幀者　安野光雅
印刷所　星野精版印刷株式会社
製本所　加藤製本株式会社

ISBN978-4-480-43966-6 C0195